Festgabe

der

Gießener Juristenfakultät

für

Dr. Heinrich Dernburg

zum

4. April 1900.

Berlin, 1900.
Verlag von H. W. Müller.

Hochzuverehrender Herr Jubilar!

Unter allen den Juristen, die heute zu Ihrem Doktor-Jubiläum ehrerbietige und herzliche Glückwünsche darbringen, dürfen wir mit Stolz in die vorderste Reihe treten. Denn unseren Doktor feiert heute die gesammte deutsche Jurisprudenz. Wir haben besondere Veranlassung uns zu freuen, daß die neuere Entwickelung des Privatrechts mächtig beeinflußt wurde von einem Manne, der es verstand, im Studium der Vergangenheit ebenso wie in der Beobachtung der Gegenwart dem Verkehr seine Gesetze abzulauschen und die Bedürfnisse des Volkslebens zu erkennen. Die Gefahr, daß eine doktrinäre Gesetzesauslegung die Wohlthat unserer neuen Gesetzgebung in eine Plage verwandelt, ist freilich noch lange nicht beseitigt. Darum feiern wir den Jubeltag unseres größten Doktors mit dem Wunsche, daß uns Ihre jugendliche Kraft und Ihre verjüngende Weisheit lange zum Heil des deutschen Rechts und damit des deutschen Volkes erhalten bleiben.

Gießen, den 4. April 1900.

Die juristische Fakultät.

Inhaltsübersicht.

Arthur B. Schmidt.

Ehescheidung und richterliches Ermessen.

Die Frage nach den Grenzen des richterlichen Ermessens im Gebiete des Ehescheidungsrechts ist zur Zeit der Entwürfe des BGB. lebhaft erörtert worden. Die Schärfe, mit der sich in diesem Punkte die Ansichten gegenüberstanden, entsprach dem Widerstreit der Meinungen darüber, ob die Scheidungsgründe des neuen Reichsrechts ausschließlich auf dem Grundsatze der Verschuldung aufzubauen seien.

Den Sieg hat diejenige Ansicht behalten, welche dem Richter überall nicht nur die Würdigung des Thatbestandes unterstellt, sondern in einer Reihe von Fällen dem richterlichen Ermessen einen weitergehenden Spielraum einräumt, d. h. ihm die Entscheidung darüber überläßt, ob im Einzelfalle nach den Sonderumständen dieses Falles der Antrag auf Scheidung berechtigt erscheint, oder nicht.

Aufgabe der folgenden Untersuchungen soll es sein, die Grenzen zu bestimmen, welche die §§ 1565—1569 BGB. dem richterlichen Ermessen ziehen.

I.

Ehe wir in die unmittelbare Beantwortung unserer Frage eintreten, bedarf es der Festlegung einiger vorbereitender Punkte. Sie treffen die vom BGB. im Ehescheidungsrechte befolgten Grundsätze überhaupt. Zugleich geben sie uns Fingerzeige für eine Interpretation der Einzelparagraphen:

Nach dem Rechte des BGB. kann eine Ehescheidung nur durch richterliches Urtheil erfolgen. Die Scheidung auf Grund des Ausspruchs einer kirchlichen Behörde hatte bereits das Reichsgesetz vom 6. Februar 1875 [1]) beseitigt. BGB. entzieht auch der Ehescheidung kraft landesherrlicher Machtvollkommenheit [2]) endgültig den Boden (§ 1564 Satz 2). Wer auf dem Standpunkte steht, von dem das BGB. bei der Gestaltung seines Scheidungsrechtes ausgegangen ist, sieht das landesherrliche Ehescheidungsrecht ohne Bedauern scheiden. Der Gesetzgeber hat die Aufgabe, das Scheidungsrecht erschöpfend in einer Weise zu regeln, die dem Wesen der Ehe und den Bedürfnissen des Lebens entspricht. [3]) Würde das landesherrliche Ehescheidungsrecht noch als Bedürfniß erscheinen, nachdem der Gesetzgeber gesprochen hat, so hätte der Gesetzgeber seine Aufgabe nicht erfüllt. Vertheidigt man aber das Scheidungsrecht des Landesherrn um deswillen, weil es geeignet sei, in Fällen einzugreifen, in denen das Gesetz einen Scheidungsgrund nicht kennt, [4]) so durchbricht man die Einheitlichkeit der Rechtsordnung und schafft Ausnahmezustände, die um so bedenklicher und gefahrbringender sind, je prinzipiell wichtiger das Gebiet ist, in das sie eingreifen.

Das eben Erörterte hat einen Punkt gestreift, der wegen seiner Bedeutung und wegen der praktischen Konsequenzen, die wir daraus zu ziehen haben, besonderer Hervorhebung bedarf: die Zahl der

---

[1]) RG. v. 6. Februar 1875 § 76.

[2]) Für das Recht bis zum BGB. vgl. die Uebersicht in der Begründung zum Vorentwurfe des Familienrechts (Planck) S. 1056—1059, Mot. IV S. 577 f., sowie die Literaturnachweise bei Richter-Dove-Kahl, Kirchenrecht 8. Aufl. § 287 Anm. 28, hierzu noch Stölzel, Ueber das landesherrliche Ehescheidungsrecht (1890), Hubrich, Das Recht der Ehescheidung in Deutschland S. 147—165, 260 ff., 268 und K. Rieker, Das landesherrliche Ehescheischeidungsrecht, in den „Theologischen Studien und Kritiken" 1893 S. 363 ff. Eine Statistik über den Umfang der seitherigen Ausübung des landesherrlichen Scheidungsrechts würde auch jetzt noch von Interesse sein. Im Allgemeinen darf behauptet werden, daß davon in den letzten Jahrzehnten verhältnißmäßig selten Gebrauch gemacht worden ist.

[3]) Vgl. Mot. IV S. 578.

[4]) Hubrich a. a. O. S. 268, auch Bähr an dem bei Hubrich S. 265 Anm. 1 citirten Orte. Hiergegen Jacobi, Das persönliche Eherecht 2. Aufl. (1899) S. 82 Anm. 88.

Scheidungsgründe ist im BGB. abschließend fixirt. Das neue Recht kennt nur die Scheidungsgründe der §§ 1565—1569. Ein Vergleich dieser Scheidungsgründe mit dem seitherigen Rechte zeigt die Einschränkungen, die das BGB. — zum mindesten einem Theile der früheren Partikularrechte gegenüber [1]) — vorgenommen hat. Es giebt nach BGB. keine Ehescheidung auf Grund gegenseitiger Einwilligung, [2]) keine auf Grund unüberwindlicher Abneigung oder (den Fall des § 1569 ausgenommen) körperlicher Gebrechen. Abweichenden Anschauungen gegenüber, die in der seither zum BGB. erschienenen Literatur nicht vereinzelt dastehen, [3]) muß mit Entschiedenheit betont werden, daß die Strenge des BGB. in der Abgrenzung der Scheidungsgründe voll berechtigt ist. Zorn hat Recht, wenn er hervorhebt, daß die Ehescheidungsfrage keine Parteifrage, sondern eine Frage des sittlichen Bewußtseins sei. [4]) Es gilt, die sittlichen Grundlagen des Staates, unter ihnen in erster Linie die Ehe, zu festigen, auflösenden Tendenzen gegenüber die Achtung vor der Ehe zu erhöhen. Es gilt zugleich durch die staatliche Gesetzgebung erzieherisch zu wirken, Sitte und Anschauung des Volkes durch staatliche Gesetzgebung zu beeinflussen. [5]) Dieser Aufgabe

---

1) Vor Allem gegenüber dem preuß. ALR. (vgl. Dernburg, Preußisches Privatrecht Bd. III § 18, Förster-Eccius, Theorie u. Praxis des heutigen gem. preuß. Privatrechts Bd. IV § 212, Hubrich a. a. O. S. 186 ff.) und einer Reihe ihm nahe stehender jüngerer Ehegesetze (s. die Uebersicht Mot. IV S. 565 f.).

2) Vgl. hierzu Cohen, Die Ehescheidung auf Grund gegenseitiger Einwilligung und ihre Nichtberücksichtigung im Entw. eines BGB. f. d. deutsche Reich (Hamburg, 1896).

3) Vgl. u. a. die Nachweise in der Zusammenstellung der gutachtlichen Aeußerungen zu dem Entwurf eines BGB. (Als Manuskript gedruckt) Bd. IV (Berlin, 1890) S. 267 ff., 282 ff., Bd. VI (Berlin, 1891) S. 626, vor Allem Jacobi in den Verhandlungen des 20. deutschen Juristentages Bd. II S. 110 ff. (Gutachten), IV S. 380 ff.

4) S. Zorn, Die Ehescheidungsfrage und der Entwurf eines BGB. (Deutsches Wochenblatt Jahrg. II, 1889 S. 391—398, 513 ff., 525 ff., 535 ff., auch Verhandl. des 20. Deutsch. Juristentags IV S. 391 ff.

5) Otto Mayer, Gutachten für den 20. Deutsch. Juristentag (Verhandl Bd. II S. 108 ff., vgl. auch Bd. IV S. 373 ff., 380). Abgesehen von dieser Begründung des strengeren Standpunktes s. vor Allem auch Mot. IV S. 563 f.

aber wird niemals ein laxes Ehescheidungsrecht, sondern nur ein Scheidungsrecht gerecht, welches die strengere Auffassung vertritt, wie sie nicht zum ersten Male im BGB., sondern vor ihm bereits im Bürgerlichen Gesetzbuch für das Königreich Sachsen [1]) und im französischen Rechte [2]) ihren Ausdruck gefunden hat. Unberechtigt ist um deswillen auch der Vorwurf, vom BGB. seien aus theoretischen Gründen Ehescheidungsgründe des preuß. ALR. und einer Reihe verwandter kleinerer Ehegesetzgebungen im Widerspruch mit den Bedürfnissen des Lebens gestrichen worden.

Die Antwort auf die Frage, welche Bedeutung diese allgemeine Erörterung für das Thema unserer Untersuchung besitzt, ist unschwer zu finden. Der allgemeine Standpunkt des BGB., den diese Erwägungen festgestellt haben, muß der Rechtsprechung den Fingerzeig geben, welchen Weg sie einzuschlagen hat. Sie entspricht der grundlegenden Auffassung des BGB., vor Allem in den Fällen des § 1568, nur durch eine strenge Gesetzesauslegung, nicht dagegen dadurch, daß sie die Grenzen der Scheidungsmöglichkeit erweitert.

Mit den beiden bisher betrachteten Punkten allgemeiner Natur hängt ein dritter Punkt zusammen, der gleichfalls eine Direktive für den Richter in sich trägt: Sobald man das richterliche Urtheil als das einzige Mittel zur Herbeiführung einer Ehescheidung erklärt und sobald man die Gründe gesetzlich festlegt, die allein im Stande sind, den Antrag auf Scheidung zu rechtfertigen, wird ein Gedanke schärfer umrissen, der im Rechte vor dem 1. Januar 1900 mit gleicher Bestimmtheit nicht ausgesprochen werden konnte. [3]) Es

---

und Menger im Archiv für soziale Gesetzgebung und Statistik Bd. II (1889) S. 38 ff.

1) §§ 1711—1745, 1769, 1770 verb. mit dem sächs. Gesetz v. 9. Nov. 1875 § 9. B. G. Schmidt, Vorlesungen über das in Sachsen geltende Privatrecht § 143 f., Grützmann, Lehrbuch d. sächs. Privatrechts § 196.

2) Code civil art. 229 ff. Die Ehescheidung auf Grund gegenseitiger Einwilligung der Ehegatten (Code civil art. 233, 275—294, 297, 305) ist durch das neue französische Ehescheidungsgesetz v. 27. Juli 1884 (Wiederherstellung des durch Ges. v. 8. Mai 1816 aufgehobenen Scheidungsrechts des Code civil) nicht wieder eingeführt worden.

3) Jedenfalls nicht in den Ländern, in denen seither das landesherrliche

ist der Gedanke, daß die Scheidung nicht als Gnadenakt erfolgt. Wie die Ehe nur unter staatlicher Mitwirkung geschlossen werden kann, so ist auch ihre Auflösung nur unter Mitwirkung des Staates möglich. Der Staat ist aber, da er die Parteien zwingend darauf anweist, seine Mitwirkung in Anspruch zu nehmen, verpflichtet, durch seine richterlichen Beamten bei Vorhandensein bestimmter Thatbestände die Scheidung auszusprechen.[1]) Es besteht m. a. W., sofern die von dem Kläger vorgetragenen Thatsachen dem Thatbestande eines der gesetzlich aufgestellten Scheidungsgründe entsprechen ein Rechtsanspruch auf Scheidung.[2]) Dieses Grundprinzip erfährt auch dadurch keine Durchbrechung, daß dem Richter in einer Reihe von Fällen ein weitergehendes Ermessen eingeräumt wird. Der Richter entspricht auch dann, wenn er das eheliche Verhältniß in den Fällen des § 1568 für zerrüttet erklärt und die Scheidung ausspricht, einem Rechtsanspruche auf Scheidung. Er übt auch hier ebensowenig „Gnade", wie er einen „Gnadenakt" verweigert, wenn ihm die Prüfung der Sonderumstände des Einzelfalls die Ueberzeugung verschafft, daß beispielsweise wohl eine schwere Verletzung der durch die Ehe begründeten Pflichten, aber keine den Voraussetzungen des § 1568 entsprechende Zerrüttung des ehelichen Verhältnisses gegeben ist.

II.

Ueberblicken wir die §§ 1565—1569, so schließen die Scheidungsgründe der §§ 1565, 1566, 1567 ein richterliches Ermessen

---

Ehescheidungsrecht neben dem richterlichen Scheidungsrechte als fortbestehend angesehen wurde.

1) Jacobi, Persönliches Eherecht 2. Aufl. S. 82 ff.

2) Planck spricht (Begründung zum Vorentwurf S. 1030) in entsprechender Weise unter Hinweis auf die Natur der Ehe als eines Rechtsverhältnisses von der staatlichen Pflicht des Rechtsschutzes zu Gunsten desjenigen Ehegatten, dem gegenüber der andere Theil die durch die Ehe begründeten ehelichen oder sittlichen Pflichten schuldvoll verletzt habe. Dem unschuldigen Theile könne — bei dem Mangel der Möglichkeit äußeren Zwanges zur Wiederherstellung des gestörten Rechtszustandes — ein wirksamer Rechtsschutz nur durch Verleihung des Rechts gegeben werden, unter bestimmten Voraussetzungen Scheidung zu verlangen.

im Sinne einer über die Würdigung des Thatbestandes hinausgehenden richterlichen Erwägung aus. In allen drei Fällen sieht der Gesetzgeber eine so schwere und unmittelbare Verletzung der ehelichen Pflichten, daß er an diese Verletzungen die Scheidung knüpft, ohne es dem richterlichen Ermessen zu überlassen, die Wirkungen einer Verletzung im Sinne der §§ 1565—1567 auf das eheliche Verhältniß des Einzelfalls zu prüfen und nach dem Ausfall dieser Prüfung dem Scheidungsantrage zu entsprechen, oder die Erfüllung zu versagen.[1]) Die Theorie spricht in Hinblick auf die strikten, den Richter bindenden Wirkungen der Scheidungsgründe der §§ 1565 bis 1567 von „absoluten Scheidungsgründen".

Verfolgen wir dies im Einzelnen, so führt die erhobene Klage unbedingt zur Scheidung, wenn sich der beklagte Ehegatte eines Ehebruchs oder einer strafbaren Handlung im Sinne der §§ 171, 175 StGB. schuldig gemacht hat.[2]) Der Richter hat nur zu prüfen, ob der Beweis für die Schuld des Beklagten nach der von dem Kläger behaupteten Richtung erbracht, insbesondere die Vollendung der dem Beklagten zur Last gelegten Handlung nachgewiesen ist.[3]) Er hat dagegen nicht zu erwägen, ob in Hinblick auf das sittliche Niveau, auf dem beide Ehegatten stehen,[4]) der Ehebruch des beklagten Theiles in Wirklichkeit eine so tiefe Zerrüttung des ehelichen Verhältnisses herbeigeführt hat, daß dem un-

---

1) Vgl. Mot. IV S. 574, 575.

2) Doppelehe und widernatürliche Unzucht; s. hierzu Erler, Ehescheidungsrecht u. Ehescheidungsprozeß (2. Aufl., Berlin 1900) S. 96ff. Für das seitherige Recht vgl. die Nachweise in den Mot. IV S. 582ff., auch Hubrich a. a. O. S. 76ff., 187, 209. S. auch schweiz. Entwurf 155; er gewährt (weitergehend, als § 1565) einen Scheidungsanspruch, wenn „ein Ehegatte einen Ehebruch oder ein anderes Sittlichkeitsverbrechen begangen hat" (nach der französischen Uebersetzung: „pour cause d'adultère et de tout autre délit contre les moeurs").

3) Ueber die Begriffsmerkmale des vollendeten Ehebruchs vgl. Erkenntn. d. Reichsgerichts vom 17. März 1881 (Entsch. in Straff. Bd. 4 S. 23) und vom 3. Febr. 1890 (Entsch. in Straff. Bd. 20 S. 226), sowie Erkenntn. v. 24. Sept. 1896 (Entsch. in Civils. Bd. 38 S. 181). Wegen des Ehebruchsversuchs s. u. III S. 24. Für die Kritik dieses Punktes vgl. die Ausführungen bei Hubrich a. a. O. S. 271.

4) In Hinblick auf das Milieu, in dem beide Ehegatten sich bewegen.

schuldigen Ehegatten die Fortsetzung der Ehe als Rechtspflicht nicht ferner zugemuthet werden kann. Keine Folge der absoluten Natur des Scheidungsgrundes des § 1565, sondern eine Folge des allgemeinen Ausschlusses der Kompensation im Scheidungsrechte des BGB. ist es, daß der Richter auch dann dem Scheidungsantrage zu entsprechen hat, wenn der Kläger sich selbst eines Ehebruchs schuldig gemacht hat.[1]) Der Richter müßte in diesem Falle nur auf erhobene Widerklage oder auf Antrag des Beklagten gleichzeitig den klagenden Theil für schuldig erklären (§ 1574 Abs. 2 und 3). Die Scheidungsklage fällt dagegen, wenn sich ergiebt, daß der Kläger dem Ehebruche oder der ihm vom § 1565 Abs. 1 gleichgestellten strafbaren Handlung zugestimmt oder sich der Theilnahme schuldig gemacht hat (§ 1565 Abs. 2). Sie fällt ferner, wie jede Scheidungsklage, die sich auf ein Verschulden des anderen Theiles stützt, wenn der Verletzte dem anderen Ehegatten seine Schuld verziehen hat (§ 1570).

Kein weitergehender Spielraum besteht für das richterliche Ermessen auch im Falle des § 1566.[2]) Die richterliche Prüfung hat sich darauf zu konzentriren, ob „ein Trachten nach dem Leben" des anderen Ehegatten erwiesen ist. Die sittliche Auffassung beider Ehegatten über ihr eheliches Verhältniß, oder das Maß der Zerstörung des wechselseitigen Vertrauens spielt für die richterliche Entscheidung keine Rolle. Den Thatbestand des § 1566 trifft die Frage, unter welchen Voraussetzungen „ein Trachten nach dem Leben" angenommen werden darf. Zu eng würde es sein, wollte man den ebengenannten Begriff auf die Fälle eines strafbaren Mord- oder Todtschlagversuchs beschränken.[3]) Vielmehr genügt

---

1) S. Mot. IV S. 585 und die dort angeführten durchschlagenden Gründe für die Beseitigung des Kompensationsprinzips im BGB.

2) Auch das Recht vor dem BGB. behandelte ausnahmslos Lebensnachstellung als absoluten Scheidungsgrund. Vgl. z. B. preuß. ALR. II, 1 § 699 (Dernburg a. a. O. III § 18 Anm. 29), sächs. BGB. § 1735, Code civil art. 231, österr. GB. § 115, sowie Mot. IV S. 587 ff., Hubrich S. 104; schweiz. Bundesges. v. 24. Dez. 1874 § 46, schweiz. E. 156.

3) Nicht gerechtfertigt ist es, wenn Hubrich als Vertreter dieser Auslegung aufgeführt wird [so von Unzner bei Planck, Kommentar Bd. IV zu

jede mit der Absicht der Tödtung vorgenommene Handlung, selbst wenn sich die vorhandene Tödtungsabsicht nur in Vorbereitungshandlungen oder in der Verwendung untauglicher Mittel zu erkennen giebt.[1]) Weil aber eine die Tödtungsabsicht verrathende Handlung verlangt werden muß, so reicht die bloße Androhung der Tödtung für den Thatbestand des § 1566 nicht aus.[2]) Ebensowenig dürfen dem § 1566 körperliche Mißhandlungen unterstellt werden, die ohne die Absicht einer Tödtung des anderen Theiles vorgenommen werden. Eine andere Frage ist es bezüglich dieser Mißhandlungen, ob sie die Berufung auf § 1568 rechtfertigen.[3])

Nicht anders, wie bei §§ 1565 und 1566, liegt die Sache im Falle des § 1567. Auch hier beschränkt BGB. das richterliche Ermessen auf die Prüfung, ob die Merkmale des Thatbestandes der böslichen Verlassung erfüllt und nachgewiesen sind. § 1567 erleichtert dem Richter einerseits die Feststellung des Thatbestandes, bindet ihn aber andererseits durch eine abschließende Bestimmung des Begriffs der „böslichen Verlassung".[4]) Dem seitherigen Rechte

---

§ 1566 Anm. 1 (citirt stets als „Planck, Kommentar" oder als „Planck" mit Angabe der Paragraphenziffer), Engelmann bei Staudinger, Kommentar Bd. IV zu § 1566 Anm. 2 (auch hier citire ich abgekürzt unter dem Namen „Staudinger")]. Die Ausführungen Hubrich's (im Archiv für civilist. Praxis 85. Bd. 1896 S 62 f., 77 f) enthalten lediglich einen Vorschlag de lege ferenda, keine Gesetzesinterpretation.

1) Dieser Auffassung wurde auch in der Reichstagskommission Ausdruck gegeben (Kommissionsber. S. 2038, Stenograph. Bericht des Reichst. 9. Legislaturperiode, 4. Session 1895/97, 3. Anlageband). Richtig ist, daß es sich hierbei nur um eine unverbindliche Meinungsäußerung handelte (vgl. Endemann, Einführung in das Studium des BGB. II § 166 Anm. 18 gegen Staudinger a. a. O.). Dem Inhalte dieser Meinungsäußerung aber ist unbedenklich beizustimmen (abweich. Ansicht Endemann a. a. O.; für uns u. a. Planck a. a. O.). Der Richter muß nur die Ueberzeugung erhalten, daß in einer solchen vorbereitenden Handlung oder bei der Verwendung untauglicher Mittel der ernstliche Wille, den anderen Theil zu tödten, zum Ausdruck gekommen ist. Ob die Handlung strafrechtlich verfolgt werden kann, ist unerheblich. Vgl. Erler a. a. O. S. 99, Neumann, Handausgabe des BGB. Anm. 1 zu § 1566.

2) Vgl. aber hierfür u. S. 23.

3) Vgl. § 1568 Satz 2 und hierzu u. III S. 24 ff.

4) „Bösliche Verlassung liegt nur vor:" (§ 1567 Abs. 2). — Für die Be-

entspricht es hierbei, wenn das Gesetz die Fälle der Quasidesertion (§ 1567 Abs. 2 Ziff. 1) und Desertion (§ 1567 Abs. 2 Ziff. 2) scheidet. Im Einklang mit dem seitherigen protestantischen Eherecht und den von ihm beeinflußten Partikularrechten steht es auch, wenn das BGB. die Scheidung wegen Quasidesertion von der vorhergehenden rechtskräftigen Verurtheilung des widerstrebenden Ehegatten zur Herstellung der häuslichen Gemeinschaft abhängig macht.[1]) Alle diese Fragen dürften dem Richter Schwierigkeiten ebensowenig bereiten, wie die Feststellung des Begriffs der Desertion, bei welcher der Aufenthalt des widerstrebenden Ehegatten unbekannt oder für eine Auslandszustellung unerreichbar ist.[2]) Schwierigkeiten können dagegen in Hinblick darauf entstehen, daß die richterliche Feststellung im Falle des § 1567 Abs. 2 Ziff. 1, wie im Falle der Ziffer 2, ein „Fernhalten von der häuslichen Gemeinschaft in böslicher Absicht gegen den Willen des anderen Ehegatten" bedarf. Diese Feststellung ist unumgänglich nothwendig, weil sie Thatbestandsmerkmale betrifft, ohne deren Vorhandensein der Antrag auf Scheidung zurückgewiesen werden müßte. Weil Fernhaltung in böslicher Absicht verlangt wird, so hat die Scheidung zu unterbleiben, wenn der Beklagte objektiv berechtigt ist, der häuslichen Gemeinschaft fernzubleiben.[3]) Fraglich kann es scheinen, ob zum Be-

---

handlung der böslichen Verlassung vgl. Mot. IV S. 588, auch schweiz. Bundesges. v. 24. Dez. 1874 Art. 46 und hierzu schweiz. E. 158.

1) Hierzu kommt nach § 1567 Ziff. 1 als weitere Vorbedingung der Scheidungsklage der Ablauf eines Jahres, während dessen der widerstrebende Ehegatte in böslicher Absicht die Erfüllung des Urtheils verweigert. Ist Urtheil zur Herstellung der häuslichen Gemeinschaft ergangen und die ebenerwähnte Frist eines Jahres abgelaufen, so kann der mit der Scheidungsklage wegen Quasidesertion belangte Ehegatte die Klage nicht dadurch stürzen, daß er sich nachträglich zur Herstellung der häuslichen Gemeinschaft erbietet.

2) CPO. § 203. — Für die nähere Feststellung der Begriffe Quasidesertion und Desertion, die im Rahmen dieser Arbeit nicht beabsichtigt wird, sei auf Erler a. a. O. S. 100 ff., Planck zu § 1567, Staudinger zu § 1567 verwiesen. Vgl. hierzu auch Hubrich, Ehescheidung S. 80 ff., v. Scheurl, das gemeine deutsche Eherecht S. 324 ff. und O. Graebner, Ueber Desertion und Quasidesertion als Scheidungsgrund (Colberg, 1882).

3) „Häusliche Gemeinschaft" umfaßt das äußerliche, räumliche Beisammensein (vgl. Endemann a. a. O. II § 166 Anm. 20). Eingeschlossen ist nicht

griffe der böslichen Verlassung auf Seiten des der häuslichen Gemeinschaft Fernbleibenden unbedingt das **Bewußtsein** erforderlich ist, daß er durch sein Verhalten die Verpflichtung zur Herstellung der häuslichen Gemeinschaft verletzt. Bejaht man diese Frage, so würde der widerstrebende Ehegatte, der zwar nicht objektiv zu einer Weigerung berechtigt ist, sich aber bona fide für berechtigt hält, die Herstellung der häuslichen Gemeinschaft abzulehnen, nicht verurtheilt werden können. Der Begriff „bösliche Absicht" im Sinne des § 1567 ist deshalb auch (allgemeiner) so ausgelegt worden, „daß die Absichten, die der Beklagte mit seinem Fernbleiben verfolgt, dem Zwecke der Ehe gröblich widerstreiten müssen". [1]) Es ist nicht in Abrede zu stellen, daß diese Ansicht vom praktischen Standpunkte aus betrachtet manches für sich hat, und daß bei Beachtung des Einwands der bona fides auf Seiten des Fernbleibenden sich leicht die Nachtheile zeigen werden, auf die das Reichsgericht gelegentlich eines Erkenntnisses vom Jahre 1897 hingewiesen hat. [2]) Beizustimmen ist jedoch der ebengedachten Ansicht in Hinblick auf den Ausdruck „bösliche Absicht" nicht. „Bösliche **Absicht**" ist dolus malus, animus dirimendi matrimonii. [3]) Das Verhalten des Fernbleibenden muß die Merkmale einer widerrechtlichen Handlung aufweisen. Hieran

---

das innere Lebensverhältniß, wie es der Begriff der „ehelichen Lebensgemeinschaft" im Sinne des § 1353 verlangt. Gründe für die im Texte erwähnte objektive Berechtigung bilden z. B. persönliche Krankheit, Berufsreisen, auch Flucht, um sich einer drohenden Strafe zu entziehen; die Forderung zur Rückkehr in die häusliche Gemeinschaft würde in diesen Fällen als Rechtsmißbrauch nach § 1353 Abs. 2 erscheinen. Vgl. hierzu **Erler** a. a. O. S. 103 f. Handelt es sich bei der Berufung auf einen dieser Gründe um den Widerspruch gegen ein Urtheil im Sinne des § 1567 Abs. 2 Ziff. 1, so muß dieser Grund **nach** den zur Herstellung der häuslichen Gemeinschaft verurtheilenden Erkenntnisse entstanden, oder zum Mindesten zur Kenntniß des aus der häuslichen Gemeinschaft fernbleibenden Theiles gekommen sein. Ausgeschlossen ist deshalb, daß sich der Widerstrebende auf Gründe beruft, die er in dem vorangegangenen Rechtsstreite hätte vorbringen müssen.

1) **Cosack**, Lehrbuch Bd. II § 301, I, 1 c; daselbst ein charakteristisches Beispiel.

2) Erkenntn. des Reichsger. in Civils. Bd. 40 Nr. 42 (S. 161).

3) Vgl. zu diesem dem protestantischen Scheidungsrechte entnommenen Ausdrucke **Hubrich** a. a. O. S. 80, ff., insbesondere S. 85 bei Anm. 8, auch v. **Scheurl** a. a. O. S 326.

fehlt es, wenn sich der Fernbleibende in bona fide befindet.[1]) Es wird sich nur fragen, inwieweit der Richter der Behauptung vorhandener bona fides auf Seiten der Gegenpartei Glauben schenken wird und nicht aus den Umständen, vor Allem aus dem, was der Aufhebung der häuslichen Gemeinschaft regelmäßig vorausgegangen ist, den animus dirimendi matrimonii herauslesen wird.

Thatbestandsmerkmal für den Fall des § 1567 ist aber nicht nur „bösliche Absicht" des die Herstellung der häuslichen Gemeinschaft Weigernden, sondern Weigerung „gegen den Willen des anderen Ehegatten". Gerade hierauf wird der Richter sein besonderes Augenmerk zu richten haben, um der Gefahr einer Gesetzesumgehung durch die Parteien vorzubeugen. Andernfalls bestände die Möglichkeit, daß die Abwesenheit des der häuslichen Gemeinschaft fernbleibenden Ehegatten unter ausdrücklichem Einverständnisse beider Ehegatten erfolgt, um in einem Falle einen Scheidungsgrund zu setzen, in dem das Gesetz einen solchen versagt. Es würde somit in Wirklichkeit nichts anderes, als eine Scheidung auf Grund gegenseitiger Einwilligung geschaffen werden, die vom BGB. mit voller Bestimmtheit abgelehnt worden ist. Dem erforderlichen Thatbestande des § 1567 würde es auch dann nicht entsprechen, wenn der abwesende Ehegatte wohl in böslicher Absicht eigenmächtig die häusliche Gemeinschaft aufgehoben hat, der zurückgebliebene Theil aber seinerseits hiermit durchaus zufrieden ist und eine Rückkehr des widerstrebenden Ehegatten gar nicht wünscht. Wenn Cosack hierzu bemerkt, es werde „den Gatten ein Leichtes sein, das Gericht über diesen Punkt zu täuschen",[2]) so kann dieser trüber blickenden Auffassung gegenüber die Eigenschaft der Abwesenheit „gegen den Willen des anderen Ehegatten" als Thatbestandsmerkmal nicht genug betont werden. Dem Richter

1) Uebereinstimmend Mot. IV S. 590, auch Planck zu § 1567 Anm. 1a, Staudinger zu § 1567 Anm. 2a, Jacobi a. a. O. S. 94 Anm 109b. Abweich. Auf. im Widerspruch mit der seitherigen Praxis das Reichsgericht in dem S. 12 Anm. 2 citirten Erkenntnisse. Dem Reichsgericht schließt sich Erler a. a. O. S. 104 bei Anm. 15 an. Nicht vereinbar scheint mir damit die von Erler S. 109 Abs. 2 durchaus zutreffend gegebene Erläuterung des Begriffs „bösliche Absicht".

2) Cosack an der S. 12 in Anm. 1 citirten Stelle.

muß die volle Ueberzeugung verschafft werden, daß der zurückgebliebene Theil die Fortsetzung der Ehe wünscht. Bestehen nach dieser Seite beim Richter Bedenken und Zweifel, so wird er dem Gesetze nur gerecht, wenn er die Scheidungsklage abweist. Die Bildung der freien richterlichen Ueberzeugung ist hier, wie gelegentlich der Feststellung der böslichen Absicht, um so weniger gehemmt, als in Ansehung solcher Thatsachen, welche die Scheidung, Anfechtung der Ehe oder das Recht, die Herstellung des ehelichen Lebens zu verweigern, begründen sollen, CPO. § 617 Abs. 2 eingreift. Nicht nur dies! Vielmehr gestattet CPO. § 622 dem Gerichte zum Zwecke der Aufrechterhaltung der Ehe Thatsachen, welche von der Partei nicht vorgebracht sind, zu berücksichtigen und die Aufnahme von Beweisen von Amtswegen anzuordnen. Das Gericht darf deshalb für die Bildung seiner Ueberzeugung Thatsachen verwenden, von denen es nur gelegentlich Kenntniß erlangt hat. Es kann ferner auch die Aufnahme von Beweisen anordnen, trotzdem ein Parteigeständniß vorliegt. [1])

III.

Uebertroffen wird die richterliche Stellung in den Fällen der §§ 1565—1567 durch diejenige Position, welche die §§ 1568, 1569 dem Richter einräumen. Bei beiden Paragraphen — § 1568 sowohl, wie § 1569 — haben wir es mit relativen Scheidungsgründen zu thun. Völlig zweifellos ist dies für § 1568. Ueber die Zuteilung des Scheidungsgrundes der Geisteskrankheit (§ 1569) zu den relativen oder den absoluten Scheidungsgründen besteht in der Literatur zum BGB. keine Uebereinstimmung. [2]) Die herrschende

1) Für die Aussetzung des Verfahrens vgl. CPO. S. 620, auch unten S, 35.

2) Endemann a. a. O. II § 166 verwerthet beide Begriffe nur soweit, als ein Verschulden vorliegt, und scheidet in dieser Richtung zwischen solchen Thatbeständen, die absolut ihres Inhalts wegen die Scheidung rechtfertigen, und solchen, bei denen die relative Wirkung auf die Ehegatten nach ihren persönlichen Verhältnissen abgemessen werden muß. Auch H. O. Lehmann bei Enneccerus u. Lehmann, Das bürgerliche Recht II S. 337 ff. beschränkt die Anwendung der beiden genannten Kategorien auf die Trennung der §§ 1565, 1566, 1567 einerseits und des § 1568 andererseits. Ebenso Fischer-Henle, Handausgabe des BGB., s. Vorbemerkung zu § 1564 ff., Achilles, Handaus-

Ansicht gebraucht den ersterwähnten Ausdruck nur für die Fälle des § 1568; man betrachtet § 1568 sogar direkt als Sammelvorschrift der relativen Scheidungsgründe. Die Entscheidung ist davon abhängig, worauf man bei dem Begriffe der Relativität eines Scheidungsgrundes den Nachdruck legt. Erblickt man das Wesen der absoluten Scheidungsgründe darin, daß bei ihnen „der Thatbestand ohne Rücksicht auf die besonderen Verhältnisse der Ehegatten bestimmt ist", während bei den relativen Scheidungsgründen „diese Verhältnisse, z. B. der Stand und das Vorleben der Gatten, von allergrößter Erheblichkeit sind", [1]) so ließe sich bei streng wörtlicher Interpretation der gesperrt gedruckten Wendungen zum mindesten die Nichtzutheilung des § 1569 zu den relativen Scheidungsgründen rechtfertigen. Man wird jedoch mit dieser Begriffsbestimmung den unterscheidenden Merkmalen der absoluten und relativen Scheidungsgründe nicht gerecht. Vielmehr ist das unterscheidende Merkmal für die relativen Scheidungsgründe darin zu erblicken, daß der Richter nicht nur die Erfüllung des gesetzlich vorgeschriebenen Thatbestandes zu prüfen und bejahenden Falls die Scheidung bedingungslos auszusprechen hat, sondern daß ihm — allgemein gesprochen — ein über das angegebene Maß hinausgehendes Ermessen vom Gesetz eingeräumt wird. Geht man hiervon aus, so muß man auch den § 1569 den relativen Scheidungsgründen zuzählen. [2]) Dieses weitergehende richterliche Ermessen äußert sich in den Fällen des § 1568 darin, festzustellen, ob im Einzelfalle eine so tiefgehende Zerrüttung des ehelichen Verhältnisses

---

gabe des BGB., s. Vorbemerkung zu § 1564 ff., Neumann, Handausgabe des BGB. am gleichen Orte.

1) So Cosack a. a. O. § 301. I, 2b. Er nennt § 1569 ausdrücklich unter den absoluten Scheidungsgründen. Ebenso Unzner bei Planck, Kommentar Bd. IV Vorbemerkung zu § 1565 ff. unter II, Staudinger, Kommentar Bd. IV S. 333, Engelmann, Das alte und das neue bürgerliche Recht (Berlin 1899) S. 649, Philler, Vorträge über das BGB. (Leipzig, 1899) S. 329, Walter, Das Recht der Ehescheidung (Erlanger Dissert., München 1897) S. 40 ff., 51 f.

2) Zutreffender Weise betont die Relativität des Scheidungsgrundes des § 1569 Jacobi a. a. O. S. 100 bei Anm. 120a, Matthiaß, Lehrbuch des bürgerlichen Rechts Bd. II S. 257, Krückmann, Institutionen des BGB. § 124, IV, Weyl, Vorträge über das BGB. Bd. II S. 228.

herbeigeführt ist, daß dem verletzten Ehegatten die Fortsetzung der Ehe als Rechtspflicht nicht zugemuthet werden kann. Im Falle des § 1569 aber bezieht sich das weitergehende Ermessen des Richters auf die Feststellung, ob jede Aussicht auf die Wiederherstellung der geistigen Gemeinschaft zwischen den Ehegatten, welche die Geisteskrankheit aufgehoben hat, ausgeschlossen ist.

Beide Scheidungsgründe, die wir zu den relativen rechnen, haben unter dem Zeichen erbitterter Kämpfe gestanden. Bei dem Scheidungsgrunde der Geisteskrankheit war es die prinzipielle Frage, ob lediglich Verschuldung als Grundlage der Ehescheidung gelten dürfe. Bejahte man im Einklang mit der Auffassung des ersten Entwurfs diese Frage, so ergab sich ohne Weiteres die Unmöglichkeit, die Geisteskrankheit eines Ehegatten als Grundlage von Scheidungsansprüchen anzuerkennen. Verließ man den exklusiven Standpunkt des ersten Entwurfs, so war die gesetzgeberische Gestaltung des Scheidungsgrundes der Geisteskrankheit verhältnißmäßig der kleinere Theil der Aufgabe. Der Kernpunkt des Streites, der sich um den heutigen § 1568 bewegte, lag dagegen darin, ob der Gesetzgeber nur einzelne, bestimmt bezeichnete Scheidungsgründe aufstellen und diesen einzelnen Scheidungsgründen entweder insgesammt absoluten Charakter, oder theilweise absoluten, theilweise relativen Charakter verleihen sollte, oder ob er endlich neben einer Reihe einzeln benannter, auf Verschulden beruhender absoluter Scheidungsgründe eine sogen. clausula generalis, d. h. ein allgemeines Prinzip schaffen sollte, welches die relativen auf Verschulden beruhenden Scheidungsgründe zusammenfaßte. Nicht zu verkennen war, daß auch nach der Annahme des an letzter Stelle gedachten Prinzips größere Schwierigkeiten zu überwinden waren, welche die gesetzliche Formulirung bot.

Scheidung auf Grund des § 1568.

Mit der Aufnahme des § 1568 hat BGB. einen Schritt gethan, für den es im seitherigen Rechte unmittelbare Vorläufer nur in geringem Maße vorfand. Vor Allem sind alle Reformvorschläge in Preußen nicht über die Einzelaufführung der mit relativem Charakter bekleideten Scheidungsgründe hinausgekommen.[1]) Verwandte Züge mit BGB. § 1568 zeigt, abgesehen von § 194 der Altenburger Eheordnung vom 13. Mai 1837,[2]) vor Allem Art. 47 des schweizer Bundesgesetzes vom 24. Dezember 1874,[3]) auf den gelegentlich der Diskussion in der Zeit der Entwürfe wiederholt hingewiesen wurde.

Die Veränderungen, welche § 1568 BGB. in den verschiedenen Stadien der Entwürfe erfahren hat, sind mit wenigen Worten gegeben: Der Gedanke, neben einer kleineren Zahl absoluter Scheidungsgründe an Stelle einer Reihe von einzelnen relativen Scheidungsgründen ein allgemeines, den Bedürfnissen Rechnung tragendes Prinzip aufzustellen und höchstens beispielsweise den einen oder anderen relativen Scheidungsgrund besonders hervorzuheben, findet sich bereits im Planck'schen Vorentwurfe des Familienrechts.[4]) Aus ihm ging die vorgeschlagene Bestimmung in wesentlich unveränderter Form in E. I § 1444 (verb. mit § 1445) über. Die Kritik war diesen Vorschriften gegenüber getheilt. Es fehlte nicht an namhaften Vertheidigern des von E. I eingenommenen Standpunktes,[5]) es fehlte aber auch nicht an solchen, die mit aller Ent-

---

1) Vgl. die Uebersicht in Anlage VII § 2 (S. 139 ff. der Anlagen) zur Begründung des Planck'schen Vorentwurfs zum Familienrechte. S. G. Maas, Bibliographie der amtlichen Materialien zum BGB. (Berlin 1897) S. 16 Nr. 158.

2) Mot. IV S. 566, s. auch die Uebersicht in Anlage VII § 1 (vgl. vorige Anm.) S. 135.

3) S. Anlage VII § 1 (vgl. Anm. 1) S. 138 ff. und hierzu Otto Mayer, Gutachten a. a. O. S. 100. Vgl. mit § 1568 auch schweiz. E. 160 und 157.

4) Vgl. den Vorentwurf (Redaktorentwurf) Planck's (1880, Maas, Bibliographie der amtlichen Materialien Nr. 154) §§ 242, 243, Begründung S. 1033 ff., Entwurf 1. Berathung §§ 1409, 1410 (Familienrecht, Berlin 1886, Maas Nr. 189). Für die Berathung des jetzigen § 1568 innerhalb der 1. Kommission vgl. Protokolle der 1. Kommission (Maas Nr. 170) S. 7308—7320, 7324, 8728, 8729, 8738, 8799, 8812, 8826, 8844; für die Annahme des von Planck in Vorschlag gebrachten Grundprinzips vgl. Protokolle S. 7274, 7275, 7277, 7283, 7284 u. ö.

5) Hinschius, v. Scheurl u. A. (vgl. Zusammenstellung IV S. 294). Köstlin und Förtsch in den Verhandlungen des 20. Juristentags Bd. IV

schiedenheit die Vorschläge des Entwurfs verwarfen. Lebhaft wurden vor Allem auf dem 20. deutschen Juristentage zu Straßburg, dem die bereits oben erwähnten Gutachten Jacobi's und Otto Mayer's[1]) vorlagen, die relativen Scheidungsgründe des § 1444 E. I bekämpft. Man warf dem § 1444 E. I vor, er biete ebenso viel Handhaben richterlicher Willkür als Worte. Die Richter selbst wünschten und müßten wünschen, daß ihnen die Entscheidung der Frage, ob eine Ehe derart zerrüttet sei, daß die Ehescheidung zu erfolgen habe, möglichst erspart werde. Es sei eine völlig unlösbare Aufgabe für den Richter, über den Mangel der ehelichen Gesinnung ein Urtheil zu fällen, welches sicher genug wäre, um daraus die weitgehendsten Folgen für das Leben ziehen zu können.[2]) Man wolle keinen „Kautschukparagraphen, wie die injures graves des französischen Rechts". Nur der klare wohlüberlegte Wille des Gesetzgebers dürfe hier entscheiden.[3]) Die Verhandlungen endeten mit einem Beschlusse, der sich im Wesentlichen gegen E. I § 1444 erklärte und eine clausula generalis im Sinne des § 1444 E. I nur für Fälle unmittelbarer Feindseligkeit zwischen den Ehegatten, insoweit dadurch nach richterlichem Ermessen die Ehe unerträglich gemacht erscheine, anerkannte. Alle anderen Scheidungsgründe sollten, — so wurde als wünschenswerth beschlossen, — nach Art der absoluten Scheidungsgründe genau bestimmt und bezeichnet werden.[4]) Trotz dieser Angriffe hielt die

---

S. 361, 364 ff. S. auch Hubrich a. a. O. S. 261 ff., Thudichum, Die Ehescheidung nach dem Entwurf des Civilgesetzbuchs (Archiv f. civil. Praxis 76. Bd., 1890 S. 196, 202 ff.).

1) S. o. S. 5 Anm. 5. Vgl. hierzu auch die mündlichen Erklärungen beider Berichterstatter in den Verhandlungen des 20. Juristentags Bd. IV S. 372 ff., 380 ff. Mit Mayer übereinstimmend Gierke (a. a. O. Bd. IV S. 400). Gegen das System der relativen Scheidungsgründe sprachen sich auch Zorn (s. o. S. 5 Anm. 4) und Schultz, Juristische Rundschau für das katholische Deutschland Bd. III Heft 2 aus.

2) Zorn an der Zusammenstellung Bd. IV S. 299 citirten Stelle.

3) Otto Mayer, Gutachten (vgl. S. 5 Anm. 5) S. 106. Der Vorwurf der „Kautschukbestimmung" wird dem § 1568 BGB. auch von Schultz (vgl. o. Anm. 1 und Zusammenstellung Bd. IV S. 300) gemacht.

4) Verhandl. d. 20. Juristentags Bd. IV S. 408.

Kommission für die 2. Lesung des Entwurfs an dem Standpunkte des ersten Entwurfs fest. Weit überwiegend sprachen sich die Kommissionsmitglieder für die Beibehaltung relativer Scheidungsgründe in der allgemeinen Fassung des § 1444 E. I aus. Unter der beträchtlichen Zahl von Abänderungsanträgen befand sich nur ein Antrag, der das Prinzip des § 1444 E. I als solches verwarf.[1]) Eine einschneidende Aenderung gegenüber E. I traf E. II nur insofern, als er die separatio temporaria, welche von E. I mit den Scheidungsgründen des § 1444 verbunden war, beseitigte. Mit Recht wurde hier betont, daß es der Gesetzgeber als seine wichtigste Aufgabe ansehen müsse, auf eine Aussöhnung thunlichst hinzuwirken. Eine Aussöhnung aber wird nicht dadurch erreicht, daß man die verletzten Ehegatten ermächtigt, zunächst nur auf Trennung von Tisch und Bett zu klagen, sondern weit eher dadurch, daß man den Richter ermächtigt, das Ehescheidungsverfahren auf eine angemessene Zeit auszusetzen.[2]) Von dieser Beseitigung der separatio temporaria abgesehen, blieb E. I § 1444 in seinem wesentlichen Inhalte erhalten und ging nur mit redaktionellen Umgestaltungen in E. II a (§ 1463) und von hier mit alleiniger Abänderung eines Wortes in E. II b (§ 1553),[3]) E. III (§ 1551) über. Bei dieser Fassung, welche E. II a vorgeschlagen hatte, blieb es auch trotz erneuter heftiger Angriffe in der Reichstagskommission, welche E. III § 1551 „als eine clausula generalis für alle Ehescheidungsgründe, die der Gesetzgeber objektiv nicht formuliren könne", charakterisirten, — Angriffe, welche der Vorschrift in E. III § 1551 vorwarfen: „Sie bilde einen Rahmen, zu dessen Ausfüllung der Gesetzgeber sich selbst unfähig erkläre, dessen Ausfüllung er aber von der Rechtsprechung verlange und erwarte. Die Ausfüllung dieses Rahmens würde indessen zu einer durcheinandergehenden und sich widersprechenden Rechtsprechung führen".[4])

---

1) Prot. der Kommiss. f. d. 2. Lesung Bd. IV S. 405 ff.

2) Vgl. CPO. § 620 Abs. 1 Satz 2.

3) Von E. II b § 1553 ab heißt es „gilt auch grobe Mißhandlung", nicht „gilt insbesondere grobe Mißhandlung".

4) Kommissionsbericht S. 2043.

Schon dieser Ueberblick über die widersprechenden Anschauungen aus der Zeit des Kampfes um § 1568 BGB. zeigt, daß dem Richter mit der Vorschrift des § 1568 keine leichten Aufgaben gestellt werden. Persönlich bin ich der Ansicht, daß das BGB. mit der Formulirung eines allgemeinen Prinzips nach Art des § 1568 das Richtige getroffen hat. Es ist m. E. unmöglich, alle diejenigen Fälle einzeln im Gesetz aufzuführen, die eine so tiefe Zerrüttung des ehelichen Verhältnisses herbeiführen, daß daraus der Anspruch auf Scheidung hergeleitet werden kann.[1]) Es ist ferner unmöglich, — selbst wenn eine solche Einzelaufzählung möglich sein sollte, — allen Scheidungsgründen für jeden Einzelfall die gleichen Wirkungen beizulegen. Für eine ganze Reihe derselben (Ehrenkränkung, Mißhandlung, Verweigerung der ehelichen Pflicht, Ergreifung eines schimpflichen Gewerbes u. a. m.) können wir des Begriffs der Relativität keinesfalls entbehren; wir müssen bei ihnen mit Bildung, äußerer Lebensstellung, sittlicher Auffassung, dem Charakter der Ehegatten rechnen, wollen wir völlig unhaltbare Ergebnisse vermeiden.

Nicht zuzugeben ist ferner, daß die Aufgabe, die durch § 1568 dem Richter gestellt wird, eine unlösbare ist. Daß sie schwer ist, daß sie hohe Anforderungen an die Beurtheilung menschlicher Verhältnisse und Charaktere, wie an das eigene sittliche Bewußtsein des Richters stellt, soll keinen Augenblick verkannt werden. Ebensowenig aber darf von der Gegenseite verkannt werden, daß BGB. das Prinzip, von welchem aus der Richter den in der Klage unter § 1568 gestellten Einzelfall zu prüfen hat, mit hinreichender Bestimmtheit gekennzeichnet hat. Verfasser ist sich bewußt, daß gerade dieser Punkt in der Zeit der Entwürfe zu scharfer, absprechender Kritik Anlaß gegeben hat. Die nachfolgenden Ausführungen werden sich bemühen, die aufgestellte Behauptung zu rechtfertigen.

Nicht zuzugeben ist auch, daß § 1568 dem subjektiven Ermessen des Richters schrankenlose Freiheit gewähre, der richterlichen

---

1) Keine der seitherigen Gesetzgebungen hat diese Aufgabe befriedigend gelöst. Für die redaktionelle Kritik s. Förtsch, Verhandlungen Bd. IV S. 365.

Willkür Thür und Thor öffne. Es ist nicht zu erwarten, daß es an subjektiven Anschauungen über die in Verbindung mit § 1568 auftauchenden Fragen fehlen wird. Dazu steht die richterliche Beurtheilung gerade dieser Frage allzutief mit rein menschlichem Empfinden und persönlichen Lebensanschauungen in Verbindung. Daß aber der Subjektivismus des einzelnen Richters nicht zu schrankenloser Willkür ausartet, dafür wird bereits ein äußerer, zu persönlicher Ausgleichung und wechselseitiger Korrektur führender Umstand sorgen: die Aburtheilung aller Scheidungsklagen im Kollegialgericht. Und wenngleich es durchaus wahrscheinlich, sogar sicher ist, daß wir im Laufe der nächsten zehn oder zwanzig Jahre mit mancher divergirenden Entscheidung der gleichen Frage zu rechnen haben werden, so ist für mich die Hoffung nicht minder stark, daß wir auch hier mehr und mehr zur Einheit in der Rechtsprechung gelangen werden.[1]) Kein leichter Gegner für die Erreichung einer solchen Einheit, — hierüber dürfen wir uns nicht täuschen, — wird gerade in den Fragen des § 1568 für die nächsten Jahre die Ueberlieferung innerhalb der seitherigen Rechtsprechung, vor Allem innerhalb der Rechtsprechung früherer partikularrechtlich geschlossener Rechtsgebiete sein.

Nicht zuzugeben ist endlich, daß auf Grund des § 1568 eine laxe Ehescheidungspraxis in Deutschland einreißen müsse, das Gericht in der überwiegenden Zahl der Fälle unter den einseitigen Eindrücken des Einzelfalls geneigt sein werde, die Scheidung aus Mitgefühl für die klagende Partei auszusprechen. Es wäre die denkbar falscheste Devise für die Scheidungspraxis unter der Herrschaft des BGB.: „Aufrechterhaltung jeder Ehe um jeden Preis",[2]) aber es darf andererseits mit Sicherheit erwartet werden, daß die Gerichte bei ihrer Rechtsprechung nicht vergessen, von welchem leitenden Grundsatze das BGB. bei der Gestaltung seiner Scheidungsgründe beherrscht wurde: Erschwerung der Ehescheidung

1) S. auch Prot. IV S. 412.

2) Ein Wort des Abgeordneten von Prittwitz in den preußischen Verhandlungen des Jahres 1857. Vgl. Jacobi, Gutachten (o. S. 5 Anm. 3) S. 180.

im Interesse der Institution der Ehe, nicht Erleichterung.[1])

Der Thatbestand des § 1568 setzt, wie aus dem Wortlaute des Paragraphen ohne Weiteres hervorgeht, ein Doppeltes voraus:

1. Er erfordert ein schuldhaftes Verhalten des anderen Ehegatten, welches
   a) eine schwere Verletzung der durch die Ehe unmittelbar begründeten Pflichten, oder
   b) ein ehrloses oder unsittliches Verhalten

   in sich schließt.
2. Dieses (objektiv hinreichende) Verhalten unter 1 muß im Einzelfalle[2]) in Wirklichkeit eine so tiefe Zerrüttung der Ehe herbeigeführt haben, daß dem verletzten Theile die Fortsetzung der Ehe nicht zugemuthet werden kann.

Für beide Kategorien unter 1 ist Vorbedingung, daß das schuldhafte Verhalten, auf welches der klagende Theil seinen Scheidungsanspruch stützt, während der Ehe eingetreten ist. Dies erscheint für den Begriff der Verletzung einer durch die Ehe begründeten Pflicht (1a) ohne Weiteres als selbstverständlich. In Hinblick auf das ehrlose oder unsittliche Verhalten im Sinne von 2a ist es denkbar, daß ein solches Verhalten vor dem Ehebeginne liegt. Einen Scheidungsgrund bildet ehrloses oder unsittliches Verhalten in diesem Falle nicht; möglich wäre nur, sofern die Voraussetzungen der §§ 1333, 1334 gegeben sind, eine Anfechtung der Ehe.

Zum Zwecke der Feststellung des Begriffs „schwere Verletzung der durch die Ehe begründeten Pflichten" ist in erster Linie auf das Beiwort „schwer" Nachdruck zu legen. Gerade in dieser Zufügung erblicke ich eine Direktive für den Richter, welche ohne Weiteres eine große Zahl von Handlungen, die an sich einen Verstoß gegen die Ehepflichten enthalten, aus dem Bereiche des § 1568 ausscheidet. Der Gebrauch eines im Zorn gesprochenen beleidigenden Wortes,

---

1) Vgl. hierzu oben S. 6.

2) Vom subjektiven Standpunkte des klagenden Ehegatten aus.

wie es der Verkehr der Straße häufig genug bietet, enthält sicherlich einen solchen Verstoß. Schwerlich aber wird ein Richter daran denken, in einem derartigen Worte eine „schwere“ Verletzung der durch die Ehe begründeten Pflichten zu erblicken. Nur wirkliche Beschimpfungen, welche eine böswillige empfindliche Ehrenkränkung in sich schließen, können hierunter fallen.[1]) Das Gleiche gilt von falschen Anschuldigungen. Daß der in einer solchen Anschuldigung enthaltene Vorwurf wider besseres Wissen erhoben wird liegt im Begriffe der „falschen Anschuldigung“.[2]) Für den Begriff der „schweren Verletzung“ im Sinne des § 1568 reicht dagegen m. E. nicht die Anschuldigung jeder beliebigen strafbaren Handlung (z. B. einer geringfügigen Uebertretung), sondern nur eine solche aus, die einen schweren, die sittliche Integrität angreifenden Vorwurf enthält.[3]) Nicht anders steht es mit Drohungen. Auch hier dürfen nur rechtswidrige gefährliche Bedrohungen[4]) des anderen Theiles als objektiv ausreichend gelten. Eine „schwere Verletzung“ liegt ferner in der hartnäckigen Verweigerung der ehelichen Pflicht ohne ausreichenden Grund,[5]) sowie in der absichtlichen, beharrlichen Entziehung des Unterhalts.[6]) Als „schwere Verletzung“

1) Das, was das preuß. ALR. II, 1 § 700 als „grobe und widerrechtliche Kränkungen der Ehre“ bezeichnet. Vgl. auch ALR. II, 1 §§ 701, 702 und hierzu Dernburg III S. 62 bei Anm. 31, Förster-Eccius IV § 212 Nr. 6 Der Code civil (art. 231) spricht von „injures graves“, der Entwurf eines bürgerl. Gesetzb. für das Großherz. Hessen I Art. 84 von „schweren Ehrenkränkungen“, das badische Landrecht Art. 231 von „grober Verunglimpfung“. Vgl. hierzu auch schweiz. Bundesges. v. 24. Dez. 1874 Art. 46 und schweiz. E. 156 Abs. 1 („schwere Ehrenkränkung“).

2) S. v. Liszt, Lehrbuch des deutsch. Strafrechts 9. Aufl. § 182, Frank, Strafgesetzbuch zu § 164.

3) Vgl. Erkenntn. d. Reichsger. in Civils. Bd. 4 Nr. 104 S. 380. Nicht geboten ist es, die Grenzen so eng zu ziehen, wie im preuß. ALR. II, 1 § 705. Es ist demnach nicht die Anschuldigung solcher „Verbrechen“ erforderlich, wegen deren eine „harte und schimpfliche Zuchthaus- oder Vestungs-Strafe“ (vgl. II, 1 § 704) erkannt werden müßte.

4) Vgl. hierzu schwarzburg-sondershaus. Ehescheidungsges. v. 30. Aug. 1845 § 2 Nr. 13, altenb. Eheordnung v. 13. Mai 1837 §§ 219, 220, auch Buchka, Das mecklenburgische Ehescheidungsrecht (1885) S. 73.

5) Vgl. preuß. ALR. II, 1 § 694 „halsstarrige und fortdauernde Versagung der ehelichen Pflicht“, Dernburg a. a. O. III S. 60 bei Anm. 26,

im Sinne des § 1568 ist auch Unverträglichkeit und Zanksucht des einen Ehegatten anzusehen, wenn sie sich in solchen vorsätzlichen Handlungen äußert, daß dadurch Leben und Gesundheit des anderen Theiles gefährdet wird.[1]) Endlich gehört hierher Ehebruchsversuch;[2]) seine Charakterisirung als schwere Verletzung der Ehepflichten ist jedenfalls zutreffender, als seine Unterstellung unter den farbloseren Begriff eines „ehrlosen oder unsittlichen Verhaltens."

Besonders genannt wird von § 1568 Satz 2 der Fall der „groben Mißhandlung". Allerdings könnte § 1568 Satz 2 in Hinblick auf die Forderung der „schweren Verletzung" in Satz 1 als überflüssig erscheinen. Mit Rücksicht auf denkbare Zweifel, die in den Verhandlungen der Reichstagskommission zur Sprache kamen,[3]) ist seine ausdrückliche Anführung immerhin zu billigen. Abgelehnt wurde gelegentlich der Berathungen des zweiten Entwurfs[4])

Förster-Eccius IV § 212 Nr. 3, sächs. BGB. § 1731 „beharrliche Verweigerung der Leistung der ehelichen Pflicht ohne ausreichenden Grund". S. auch Richter-Dove-Kahl, Kirchenrecht 8. Aufl. S. 1177 und Buchka a. a. O. S. 124. Zur Verweigerung der ehelichen Pflicht würde z. B. derjenige Ehegatte berechtigt sein, dem eine solche Erfüllung gesundheitsgefährlich sein würde (s. § 1353 Abs. 2). Hat dagegen kein hinreichender Grund bestanden, um die Leistung der ehelichen Pflicht hartnäckig zu verweigern, so wird der Scheidungsgrund nicht dadurch beseitigt, daß sich der schuldige Ehegatte während des Scheidungsprozesses zu einer solchen Leistung bereit erklärt (vgl. Erkennt. d. RG. in Civils. Bd. 38 S. 218 f.).

6) S. preuß. ALR. II, 1 § 713, Dernburg III S. 63.

1) Vgl. die für unsere Anführung im Text herübergenommene Vorschrift des preuß. ALR. II, 1 § 703. S. auch Nürnberger Ehescheidungsordnung v. 25. Nov. 1803 Nr. 28 und gothaisches Ehegesetz v. 15. Aug. 1834 § 99.

2) Dafür, daß nur vollendeter Ehebruch einen Scheidungsgrund im Sinne des § 1565 darstellt, vgl. o. S. 8 bei Anm. 3. Nach den Umständen des Einzelfalls wird es der Richter zu ermessen haben, ob bereits ein die gewohnten Grenzen des Verkehrs überschreitender, Verdacht erregender Umgang eines Ehegatten mit einer dritten Person anderen Geschlechts den Vorwurf einer „schweren Verletzung" im Sinne des § 1568 rechtfertigt. Würde diese Frage zu verneinen sein, so wäre es immerhin denkbar, daß das Verhalten des beschuldigten Theils als „ehrlos oder unsittlich" (vgl. § 1568, 2. Hälfte des ersten Satzes) bezeichnet werden müßte. Vgl. hierzu das Edikt Friedrichs d. Gr. v. 17. Nov. 1782 „gegen die Mißbräuche der überhand genommenen Ehescheidungen" § 3 (abgedr. in d. Verh. d. 20. Juristentags Bd. II S. 227).

3) Vgl. S. 2043 des Kommissionsberichts.

4) Prot. IV S. 413.

eine Einschränkung auf „fortgesetzte gesundheitsgefährliche Mißhandlungen". Die Mißhandlung kann eine grobe sein und eine tiefe Zerrüttung des ehelichen Verhältnisses herbeiführen, ohne der Gesundheit des gemißhandelten Theiles Gefahr zu bringen. Ebenso kann das Umgekehrte der Fall sein. Mit Recht hat man aber auch abgelehnt, das Moment des Fortgesetzten als Essentiale gesetzlich festzulegen; selbst eine einmalige grobe Mißhandlung ist im Stande, wie eine einmalige schwere Beschimpfung, das eheliche Verhältnis tief und dauernd zu zerrütten. „Grobe Mißhandlung" ist nicht ausschließlich eine Mißhandlung im engeren Sinne des § 224 StGB. („schwere Körperverletzung"). Es war deshalb zur Vermeidung von Mißverständnissen richtig, daß der von E. I § 1444 gebrauchte Ausdruck „schwere Mißhandlung" in den Ausdruck „grobe Mißhandlung" umgeändert wurde. Eine allgemeine Begriffsbestimmung der „groben Mißhandlung" läßt sich nicht geben. Ueber den Begriff „Mißhandlung" im Zusammenhange des § 1568 werden voraussichtlich die gleichen Kontroversen auftauchen, wie sie über den gleichen Begriff für § 223 ff. StGB. schon jetzt bestehen.[1]) Sie könnten dadurch vermehrt werden, daß man bei dem Mangel des Adjektivs „körperlich" in § 1568 Satz 2 unter „Mißhandlung" auch solche Handlungen subsumirt, die eine schwere Beeinträchtigung des Gemütslebens herbeiführen; man denke z. B. an eine fortgesetzte Erneuerung schwer drückender, für die Frau beschämender Erinnerungen, deren Erneuerung (wie der Mann weiß) stets eine tiefgehende Gemüthserregung der Frau hervorruft. Nach der Entstehungsgeschichte des § 1568 Satz 2 und nach den älteren partikularrechtlichen Vorschriften,[2]) denen sich BGB. in § 1568 Satz 2 anschloß, würde ich eine derartige Ausdehnung des Begriffs „Mißhandlung" nicht für richtig halten. Es kommen vielmehr m. E. bei § 1568 Satz 2 nur „körperliche Mißhandlungen" in Frage. Sie fordern äußere Einwirkungen auf den Körper durch Schlagen,

1) Vgl. die Nachweise bei v. Liszt 9. Aufl. § 87 Anm. 2, Oppenhoff, Kommentar zu § 223 StGB. Anm. 17, Frank zu § 223 StGB. I, 1.

2) Auch nicht nach der Verwendung des Begriffs „Mißhandlung" in der seitherigen partikularrechtlichen und gemeinrechtlichen Judikatur im Gebiete des Scheidungsrechts. — Eine event. Hülfe s. o. S. 24 bei Anm. 1.

Stoßen oder in anderer unmittelbarer oder mittelbarer Weise.[1]) Wann diese äußeren Einwirkungen eine gewöhnliche (nicht-grobe) Mißhandlung, wann sie eine grobe Mißhandlung darstellen, wird nur nach den Umständen des Einzelfalls, vor Allem unter Berücksichtigung der gesellschaftlichen Stellung der Ehegatten, ihres Bildungsgrades, oder des Gesundheitszustandes des mißhandelten Theils festgestellt werden können. Weil die Sonderumstände des Einzelfalls den Ausschlag geben, so ist es denkbar, daß eine Mißhandlung in einem Falle als „grobe" angesehen werden muß, die in einem anderen Falle nur als gewöhnliche Mißhandlung erscheinen würde.[2]) Auch hier ist aber, wenn man der Gesammttendenz des BGB. auf dem Gebiete des Ehescheidungsrechts gerecht werden will, vor einer nachgiebigen, erweiternden Auslegung zu warnen.[3]) Als innerhalb der Reichstagskommission der Antrag gestellt wurde, das Wort „grobe" vor „Mißhandlung" zu streichen, „weil jede Mißhandlung, wenn im Uebrigen die Kriterien des ersten Satzes zuträfen, als Ehescheidungsgrund genügen müsse", wurde mit Recht entgegnet: „daß die Streichung dieses Wortes die Ehescheidungsprozesse, und zwar namentlich frivoler Natur, verviel-

1) Vgl. v. Liszt a. a. O.

2) Uebereinstimmend u. A. Planck, Kommentar Bd. IV zu § 1568 Anm. 1, Staudinger, Kommentar Bd. IV zu § 1568 Anm. 2a. Vgl. auch Erler a. a. O. S. 114, Weyl, Vorträge Bd. II S. 239. Nicht scharf genug ist wiederholt die Ausdrucksweise, die in der Literatur bei der Behandlung dieses Punktes gewählt wird. Man darf nicht sagen, daß „die Scheidung unter Umständen auch wegen einer nicht groben Mißhandlung zulässig sein könne". Eine „grobe Mißhandlung" muß stets vorliegen; andernfalls ist Scheidung ausgeschlossen. Weil sich aber der Begriff „grobe Mißhandlung" nur nach den Umständen des Einzelfalls feststellen läßt, ist es möglich, — wie im Texte gesagt ist, — daß eine Mißhandlung, die in einem anderen Falle eine nicht grobe sein würde, in dem zur Entscheidung stehenden Falle als grobe Mißhandlung und deshalb als hinreichender Scheidungsgrund angesehen werden muß.

3) Sie würde um so weniger zu billigen sein, weil sie dem seitherigen Rechte gegenüber eine Erleichterung, — die BGB. gerade vermeiden wollte, — wäre. Vgl. hierzu sächs. BGB. § 1735 (Mißhandlung in einer das Leben gefährdenden Weise), § 1736 (fortgesetzte Mißhandlungen, welche die Gesundheit des gemißhandelten Ehegatten gefährden), Code civil art. 231, „harte Mißhandlungen", vgl. preuß. Reformentwurf v. 1856 (a. a. O., s. auch preuß. ALR. II, 1 § 699 und hierzu Dernburg III S. 61 bei Anm. 30). Vgl. hiermit schweiz. E. 156 Abs. 1 „schwer mißhandelt".

fältigen müsse, ohne daß eine Nothwendigkeit vorliege. Jedenfalls müsse bei solcher Erweiterung auch das Wort „schwere" ausfallen". [1]) Es ist demnach unbedingtes Erforderniß, daß die Mißhandlung, welche als Scheidungsgrund verwerthet wird, über die nach den Umständen des Einzelfalls zu ziehenden Grenzen der gewöhnlichen Mißhandlung hinausgeht. M. E. kommt der Richter, der sich zunächst diese letzterwähnten Grenzen zieht, in der Mehrzahl der Fälle am sichersten zu einer richtigen Werthung der als Scheidungsgrund angeführten Mißhandlung. Für die Abgrenzung von grober und nicht-grober Mißhandlung werden für den Richter überwiegend bald die Stärke der Mißhandlung, bald die Verhältnisse, unter denen sie erfolgte (z. B. Oeffentlichkeit), bald die Rohheit, mit der sie ausgeführt wurde, bald die Verwendung eines Werkzeugs (z. B. einer Peitsche) die entscheidenden Kriterien bilden.

Der „schweren Verletzung der durch die Ehe begründeten Pflichten" stellt § 1568 Satz 1 „ehrloses oder unsittliches Verhalten" gleich. Es handelt sich hierbei nicht um eine absichtliche Verletzung der unmittelbaren aus dem ehelichen Verhältnisse hervorgegangenen Pflichten. Vielmehr kommt ein schuldvolles Verhalten in Frage, welches nur mittelbar geeignet erscheint, die Grundlagen der Ehe, — des consortium omnis vitae, der innigsten Lebensgemeinschaft, — zu untergraben. [2]) Auch für den zweiten Begriff des § 1568 Satz 1 läßt sich, ebensowenig wie für den an erster Stelle erwähnten Begriff, eine abgeschlossene Definition aufstellen. Die Antwort kann vielmehr nur nach Lage des Einzelfalls gegeben werden. Die Materialien zum BGB. enthalten eine ganze Reihe von Fällen, die als typische Beispiele gelten und dem Richter die rechte Direktive geben dürften. Sie sind hierzu um so mehr geeignet, als sie überwiegend an direkte Vorschriften des seitherigen Rechts anknüpfen.

Ehrloses oder unsittliches Verhalten eines Ehegatten liegt vor Allem bei Begehung eines entehrenden Verbrechens oder Vergehens vor. E. I § 1444 Abs. 1 führte sogar diesen Fall

1) Bericht der Reichstagskommission S. 2043.
2) Begründung z. Vorentwurf S. 1036.

besonders an. Die 2. Kommission strich jene Anführung, um Zweifel, welche durch diese Exemplifikation hervorgerufen werden könnten, abzuschneiden.[1]) Der Begriff „entehrende Verbrechen oder Vergehen" ist kein technischer im Sinne des Reichsstrafrechts. Weder kennt das Reichsstrafrecht Verbrechen oder Vergehen, welche an sich schon entehren, noch Strafen an der Ehre im eigentlichen Sinne des Wortes.[2]) Bekannt ist dagegen der Begriff „entehrende Verbrechen oder Vergehen" dem § 128 des Gerichtsverfassungsgesetzes. Die nähere Präzisirung unterliegt dem richterlichen Ermessen, welches hier durch die im Volke herrschende Anschauung am sichersten geleitet werden dürfte.[3]) Als belanglos hat hierbei zu gelten, welche Strafart und welches Strafmaß verhängt, ja sogar, ob überhaupt eine Strafe verhängt worden ist.[4]) Würde man auf die Thatsache der erfolgten Bestrafung entscheidenden Nachdruck legen, so würde man damit die Sittlichkeitsdelikte eliminiren, bei denen es zur Strafverfolgung eines Antrags, den denkbarer Weise der Verletzte nicht stellen will, bedarf.[5]) Würde man ferner auf das Strafmaß entscheidendes Gewicht legen und z. B. nach dem Vorgange des sächsischen BGB. § 1740 eine Freiheitsstrafe von wenigstens drei Jahren fordern, so wäre die Gefahr naheliegend, in Fällen, in denen das Strafmaß ein geringeres ist, in denen aber entschieden eine ehrlose oder unsittliche Handlung die Ehe tief zerrüttet hat,

1) Prot. IV S. 413 f.

2) v. Liszt, Lehrbuch 9. Aufl. S. 272, auch 5. Aufl. S. 254, Birkmeyer, Mecklenburgische Zeitschrift für Rechtspflege Bd. 7 S. 179 Anm. 44.

3) Birkmeyer a. a. O.

4) Anders preuß. ALR., welches in II, 1 § 704 ein „grobes Verbrechen gegen Andere, wegen welcher ein Ehegatte harte und schmähliche Zucht- haus- oder Vestungsstrafe nach Urtel und Recht erlitten hat" (Dernburg III S. 62 Anm. 34), verlangt. Auch Code civil art. 232 fordert „la condamnation de l'un des époux à une peine infamante". Schweiz. G. 157 läßt andererseits Scheidung zu, wenn ein Ehegatte „ein Verbrechen begangen" und dem anderen Theile nach den Umständen die Fortsetzung der ehelichen Gemeinschaft nicht zugemuthet werden darf. Weitere Quellennachweise s. Mot. IV S. 576, auch Hubrich, Ehescheidung S. 105 ff. — Für die allgemeine Stellung des Ehescheidungsrichters gegenüber einem strafrechtlichen Erkenntnisse vgl. EG. z. CPO. § 14 Abs. 2 Ziff. 1.

5) Prot. IV S. 413.

dem vollberechtigten Scheidungsantrage keine Folge leisten zu können. Was endlich die Strafart anlangt, so ist zu beachten, daß die Verurtheilung zu Zuchthausstrafe nicht an sich die unbedingte Annahme ehrlosen oder unsittlichen Verhaltens rechtfertigt. Es lassen sich unschwer Fälle denken, in denen dem Gesetze entsprechend auf Zuchthaus erkannt werden mußte und erkannt worden ist, obwohl die Volksauffassung nach den Verhältnissen des Einzelfalls den Thäter von dem Vorwurfe der Unsittlichkeit oder Ehrlosigkeit freispricht.[1]) Keine Berücksichtigung haben in einem auf § 1568 gegründeten Scheidungsverfahren trotz ihres unsittlichen oder ehrlosen Charakters solche Handlungen zu finden, die überhaupt vor der Eheeingehung liegen.[2]) Sie könnten nur, wie in dem oben S. 22 aufgeführten Falle, sofern die Voraussetzungen der §§ 1333, 1334 gegeben sind, zur Anfechtung der Ehe führen.

Fälle eines ehrlosen und unsittlichen Verhaltens bieten weiterhin, — in Einklang mit einem Theil der seitherigen Partikularrechte, — unverbesserliche Trunksucht, Ergreifung eines schimpflichen Gewerbes, ebenso die Begehung unzüchtiger Handlungen, die nicht unter § 1565 fallen, oder deren Thatbestand nicht ohne Weiteres ein Verbrechen oder Vergehen in dem zuvor besprochenen Sinne,[3]) beziehentlich eine schwere Verletzung der durch die Ehe begründeten Pflichten darstellt.[4]) Für den Ausdruck „Trunksucht" sei auf BGB. § 6 Ziff. 3 und auf die anderweit hierzu gegebene Auslegung, z. B. diejenige Planck's und Hölder's verwiesen.[5]) Unter die

---

1) Man denke z. B. an besonders gelagerte Fälle im Zusammenhange der §§ 158 ff. StGB.

2) Vgl. Erkennt. d. Reichsger. in Civils. Bd. 11 Nr. 83 S. 351 ff., Bd. 23 Nr. 74 S. 334.

3) Beispielsweise ist es richtiger, die Sittlichkeitsdelikte der §§ 174, 176 StGB. unter die zuvor behandelten entehrenden Delikte zu stellen. Unter die im Text genannten „unzüchtigen Handlungen" gehört aber z. B. widernatürliche Unzucht unter Personen weiblichen Geschlechts.

4) Vgl. o. S. 24 bei Anm. 2.

5) Planck, Kommentar Bd. I zu § 6 Anm. 6, Hölder, Kommentar zum Allgem. Theil S. 87 (zu § 6 Anm. 7), Moeli, Die Geistesstörungen im BGB. (Vierteljahrsschr. für gerichtl. Medizin 3. F. Bd. XVIII) S. 37 ff., v. Krafft-Ebing in der u. S. 39 Anm. 2 a. E. citirten Schrift S. 10 ff. Den Ausdruck „unverbesserliche Trunksucht" gebraucht z. B. das sächs. BGB. § 1733, vgl. auch die Citate Mot. IV S. 595.

„Ergreifung eines schimpflichen Gewerbes"[1]) gehört beispielsweise der gewohnheitsmäßige, gewissenlose Betrieb wucherischer Geschäfte oder Betrieb eines öffentlichen Hauses durch den Mann, während der bei Planck[2]) angeführte Fall einer Selbstprostitution der Frau schwerlich durch einen Hinweis auf § 1568, sondern durch Bezugnahme auf § 1565 als Scheidungsgrund Verwerthung finden dürfte. Außer diesen Einzelfällen ist es denkbar, daß auch die Lebensführung eines Ehegatten durch Verschwendung und Aufhebung aller Ordnung einen solchen Grad erreicht, daß sie dem Begriffe des „unsittlichen Verhaltens" im Sinne des § 1568 unterstellt werden kann. Immerhin dürfte gerade in diesem Punkte auf Seiten des Richters Zurückhaltung geboten sein; sie dürfte sich auch deshalb empfehlen, weil der Kollusionsgefahr, die ohnehin bei einer ganzen Reihe der Scheidungsgründe des § 1568 näher liegt, entgegenzuarbeiten ist.

Eingehender erörtert wurde in der Zeit der Entwürfe in Verbindung mit § 1568 ein Fall, für den man den Begriff des „unsittlichen Verhaltens" heranzog: der Fall der nachträglichen Verweigerung kirchlicher Trauung durch einen Ehegatten. Innerhalb der 2. Kommission wurde der Antrag gestellt, neben der von E. I § 1444 bereits angeführten Exemplifizirung[3]) die Worte „ehrloses oder unsittliches Verhalten" als weiteres Beispiel einzuschalten: „durch schuldhafte Verweigerung der kirchlichen Trauung".[4])

Dieser Antrag wurde von der Mehrheit abgelehnt, in der Reichstagskommission aber in veränderter Gestalt wieder aufgenommen. Die Aenderung bestand darin, daß beantragt wurde, dem § 1551 E. III hinzuzufügen:

„Als schwere Verletzung der Pflichten gilt es ebenfalls, wenn

1) Von „Ergreifung eines schimpflichen Gewerbes" spricht preuß. ALR. II, 1 § 707 (vgl. Dernburg III S. 63 Anm. 38). Den gleichen Ausdruck verwendet der preußische Reformentwurf von 1856 (s. Anlage VII zur Begründ. des Vorentw. S. 141).

2) Kommentar Bd. IV zu § 1568 Anm. 1.

3) Durch den Hinweis auf ein nach Schließung der Ehe begangenes entehrendes Verbrechen oder Vergehen.

4) Prot. IV S. 407, 414 ff.

ein Ehegatte die vor der staatlichen Eheschließung vereinbarte oder nach den Umständen als selbstverständlich angenommene kirchliche Trauung verweigert."

Abgesehen davon, daß der Antragsteller in seiner ausführlichen Fassung den Begriff „schuldhafte Verweigerung" des früheren Antrags näher präzisirte, erblickte er abweichend von dem früheren Antrage in einer solchen Weigerung direkt eine schwere Verletzung der durch die Ehe übernommenen Pflichten. Auch dieser neue Antrag wurde abgelehnt. Wie der Kommissionsbericht aber als Schlußergebniß der Verhandlungen mittheilt, „herrschte in der Kommission Einstimmigkeit darüber, daß die Weigerung der Einholung der kirchlichen Trauung oder einer bestimmten kirchlichen Trauung, sei es, daß dieselbe vor der staatlichen Eheschließung ausdrücklich versprochen worden sei, sei es, daß dieselbe als selbstverständlich habe angenommen werden können und angenommen worden sei, zu denjenigen Thatbeständen gehöre, deren Beurtheilung nach Satz 1 des § 1551 (E. III = § 1568 BGB.) den Richter zur Scheidung der Ehe führen könne und müsse".[1]) Unrichtig ist entschieden das Schlußwort des eben citirten Satzes, daß in einem solchen Falle auf Scheidung erkannt werden müsse. Es könnte das Mißverständniß hervorrufen, als ob es sich hier um einen absoluten Scheidungsgrund handelte. Im Uebrigen darf der Auffassung der Reichstagskommission zugestimmt werden. Als selbstverständlich soll nur hinzugefügt werden, daß die Weigerung des widerstrebenden Ehegatten dann nicht als „ehrlos oder unsittlich" angesehen werden darf, wenn sie durch einen rechtfertigenden Grund gestützt wird.[2]) Als rechtfertigender Grund für die Weigerung darf z. B. entschieden gelten, wenn der Geistliche im Falle einer gemischten Ehe die Ertheilung der kirchlichen Trauung von dem Versprechen der Erziehung aller Kinder in einem bestimmten Be-

---

1) Kommissionsbericht S. 2043, 2044.

2) Endemann, Einführung Bd. II § 166 Anm. 26 verlangt deshalb zutreffend, daß die Handlungsweise des widerstrebenden Ehegatten „tückisch oder frivol" sein müsse.

kenntnisse abhängig machte.[1]) Eigenartig liegt der Fall, wenn der die Trauung nachträglich verweigernde Ehegatte wußte, daß der Geistliche ein solches Versprechen fordern würde, und vor der standesamtlichen Eheschließung das Versprechen künftiger Trauung in der bestimmten Absicht gab, sich diesem Versprechen nachträglich doch (gestützt auf die kirchliche Forderung) zu entziehen. Auch hier steht an sich der Trauungsweigerung die übertriebene kirchliche Forderung als rechtfertigender Grund zur Seite; sie stellt einen objektiv berechtigten Grund dar. Es kann deshalb auch dem die Trauung Weigernden diese seine Weigerung nicht als ehrloses oder unsittliches Verhalten ausgelegt werden. Ehrlos und unsittlich ist nur das dolose Verhalten des Weigernden vor der Eheschließung. Zu einer Scheidung kann diese voreheliche Handlung nicht führen. Es liegt hier aber eine Täuschung des anderen Theils vor, die, — sofern die weiteren Voraussetzungen des § 1334 erfüllt sind, — zu einer Anfechtung der Ehe aus § 1334 zu führen vermag.

Das kirchliche Gebiet berührt ein weiterer Fall, der kurz Erwähnung finden soll: Bildet Bekenntnißwechsel einen Scheidungsgrund im Sinne des § 1568? Die Frage ist zu verneinen.[2]) Ein Bekenntnißwechsel schließt, selbst wenn er den ehelichen Frieden in erheblicher Weise untergräbt, kein Verschulden des konvertirenden Ehegatten in sich. Nur dann würde ein Bekenntnißwechsel unter den Gesichtspunkt des „ehrlosen oder unsittlichen Verhaltens" und damit unter § 1568 gestellt werden können, wenn er aus ehrenrührigen Motiven, z. B. um pekuniärer Vortheile willen, vorgenommen wurde.

---

1) Gleicher Ansicht Planck, Kommentar IV zu § 1568 Anm. 1 a. E., wenn auch minder bestimmt. Vgl. hierzu auch Jacobi a. a. O. (2. Aufl.) S. 121 f.

2) Den abweichenden Standpunkt einer Reihe früherer Partikularrechte (z. B. des preuß. ALR.) s. in der Zusammenstellung der Mot. IV S. 572. — Mit Recht ist in der Literatur darauf hingewiesen worden, daß die Anerkennung des Bekenntnißwechsels als Scheidungsgrund die Gewissensfreiheit erheblich beeinträchtigen würde. Auch abgesehen hiervon würde nur zu leicht ein simulirter

Wie die Feststellung der Voraussetzungen des § 1568 oben S. 22 ergiebt, erschöpft das seither Ausgeführte nicht den Thatbestand des § 1568. Das Verhalten eines Ehegatten, welches an sich eine schwere Verletzung der durch die Ehe gebotenen Pflichten oder ein ehrloses oder unsittliches Verhalten darstellt, bietet vielmehr nur dann einen Scheidungsgrund, wenn es

„eine so tiefe Zerrüttung des ehelichen Verhältnisses verschuldet hat, daß dem Ehegatten die Fortsetzung der Ehe nicht zugemuthet werden kann."

Das richterliche Prüfungsrecht hat sich demnach nicht nur darauf zu erstrecken, ob die dem Scheidungsantrage zu Grunde liegende schuldhafte Handlung die eben entwickelten objektiven Merkmale besitzt. Der Richter hat vielmehr zu untersuchen, ob dieses vom klagenden Theile gerügte Verschulden den Grund des Zerwürfnisses zwischen den Ehegatten bildet. Er hat ferner zu prüfen, ob eine „Zerrüttung des ehelichen Verhältnisses" (nicht nur eine zeitweilige vorübergehende Störung) vorliegt, und ob diese Zerrüttung eine so tiefe ist, daß dadurch dem klagenden Theile die Fortsetzung der Ehe vom Standpunkte des bürgerlichen Rechts aus entschuldbarer Weise unerträglich geworden und ihm deshalb für die Zukunft als Rechtspflicht nicht zuzumuthen ist.[1]) Der Richter darf es daher nicht bei einem allgemeinen Hinweise auf die Schwere der Verletzung oder die Ehrlosigkeit einer Handlung des Beklagten bewenden lassen; er darf sich auch nicht bei dem Hinweise beruhigen, daß die Erhebung der Scheidungsklage als solche die Zerrüttung der Ehe anzeige. Er muß in die persönlichen Verhältnisse der Ehegatten eindringen. Er muß ein Urtheil über Charakter und Per-

---

Scheidungsgrund geschaffen werden können. Vgl. Christliche Welt 1890 Nr. 27 S. 622.

1) Vgl. Mot. IV S. 574: „So werden je nach der Verschiedenheit der Umstände Mißhandlungen, Ehrenkränkungen, Verurtheilung zu einer Freiheitsstrafe, unordentliche Lebensart u. s. w. ganz verschieden wirken. Dieselbe Thatsache kann in dem einen Falle die völlige Zerrüttung der Ehe zur Folge haben, während sie in einem anderen Falle den ehelichen Frieden vielleicht gar nicht oder doch nur vorübergehend stört." S. hierzu u. a. Erkennt. d. Reichsg. in Civils. Bd. 34 Nr. 57 S. 234 ff.

sönlichkeit der Ehegatten zu gewinnen suchen, muß ihre Lebensverhältnisse und Lebensstellung, ihren Bildungsgrad, die Stärke ihres sittlichen Empfindens, die Lebhaftigkeit der Reaktion auf schuldhaftes Verhalten des anderen Theils berücksichtigen, muß mit den Lebensanschauungen rechnen, die in dem Kreise herrschen, dem die Ehegatten entstammen. Er muß endlich ihr seitheriges Eheleben festzustellen suchen, müßte beispielsweise bei schwerer Zanksucht einen häufigen Wechsel von Unfrieden und rascher Aussöhnung, welchen dieses Eheleben zeigt, beachten. Individualisiren, nicht generalisiren! Gelingt dem Richter die Erfüllung dieser Aufgabe, dann wird es an dem rechten richterlichen Ermessen, auf welches § 1568 vertraut, nicht fehlen.

Erleichtert wird dem Richter diese Aufgabe, wenn sich herausstellt, daß der klagende Theil an der ehrlosen oder unsittlichen Handlung, die jetzt als Scheidungsgrund verwerthet wird, als Mitthäter oder Anstifter Theil genommen hat. Der Richter wird hier der Regel nach die Scheidungsklage abzuweisen haben. Das Gleiche gilt, wenn der klagende Theil die Handlung des Beklagten gebilligt hatte.[1]) In beiden Fällen zeigt das eigene Verhalten des klagenden Ehegatten, daß man ihm mit der Fortsetzung der Ehe nichts Unbilliges zumuthet. Nicht anders wird in der weitüberwiegenden Zahl der Fälle die Entscheidung auszufallen haben, wenn der klagende Theil sich derselben schweren Verletzung der Ehepflichten, oder eines gleichen ehrlosen oder unsittlichen Verhaltens schuldig gemacht hat. Prinzipiell wird damit der Scheidungsgrund des Klägers nicht beseitigt. Es giebt m. a. W. bei § 1568 ebensowenig eine Kompensation, wie bei den absoluten Scheidungsgründen der §§ 1565, 1566, 1567.[2]) Aber auch hier wird in vielen Fällen das eigene schuldvolle Verhalten des klagenden Theils den Schluß gestatten, daß die Zerrüttung des ehelichen Verhältnisses für den klagenden Ehegatten keine tiefe ist und ihm die Fortsetzung der Ehe in Wirklichkeit nicht unmöglich gemacht ist.

Der freien Bildung der richterlichen Ueberzeugung kommen

1) Vgl. hierzu § 1565 Abs. 2. Neumann a. a. O. zu § 1565 II, 1.
2) Vgl. o. S. 9 bei Anm. 1.

ferner diejenigen prozessualen Vorschriften zu Hülfe, deren bereits oben S. 5 gedacht wurde: CPO. § 617 Abs. 2 und § 622. Eine Bindung des Richters bedeutet auf der anderen Seite eine prozessuale Vorschrift, die voraussichtlich für die weitüberwiegende Zahl der Ehescheidungsprozesse aus § 1568 ein retardirendes Moment bilden wird: CPO. § 620 Abs. 1 Satz 2:

„Die Aussetzung (sc. des Verfahrens über eine Scheidungsklage) ist von Amtswegen anzuordnen, wenn die Scheidung auf Grund des § 1568 des Bürgerlichen Gesetzbuchs beantragt ist und die Aussicht auf Aussöhnung der Parteien nicht ausgeschlossen erscheint".

Wie die Denkschrift zur Aenderung der CPO. hervorhebt,[1]) ist § 620 Abs. 1 S. 2 gerade mit Rücksicht darauf, „daß in solchen Fällen die Scheidung wesentlich von dem Ermessen des Richters abhängt", geschaffen worden. Nach den Schlußworten der ebencitirten Vorschrift dürfte der Richter nur in den allerseltensten Fällen, — sie werden zu den Ausnahmen gehören, über die man in der Literatur Buch führen wird, — die Aussetzung des Verfahrens unterlassen.

Scheidung wegen Geisteskrankheit.

Bereits oben[2]) wurde der Kämpfe gedacht, die der Aufnahme des § 1569 in das BGB. galten. An gleicher Stelle ist die als Mittelpunkt des Streites erscheinende prinzipielle Frage genannt. Die Kritik hatte Recht, wenn sie für die Anerkennung des Scheidungsgrundes der Geisteskrankheit kämpfte.[3]) Die Forderungen

---

1) Reichstagsvorlage, Ausgabe von Guttentag (Berlin, 1897) S. 80.

2) S. 16.

3) Vgl. die Zusammenstellung gutachtlicher Aeußerungen Bd. IV S. 287 ff.; vor Allem s. die daselbst gegebenen Hinweise auf die Verhandlungen des 20. Juristentags (Jacobi, O. Mayer, Förtsch, Gierke), sowie die Befürwortung vom ärztlichen Standpunkte aus durch Mendel [Die Geisteskranken im Entwurf des BGB., in Eulenburg's Vierteljahrsschrift f. gerichtl. Medizin n. F. 49 Heft 2, auch Sep.Abdr. Berlin 1889], v. Krafft-Ebing (Zeitschr. f. Psychiatrie Bd. 45, auch Sep.Abdr.) und Meschede (in der gleichen Zeitschr.).

des Lebens sind stärker als das Prinzip, auf dem E. I die Scheidungsgründe aufbaute. Ich verkenne nicht die sittliche Wärme und Tiefe, mit der Mancher den ablehnenden Standpunkt des ersten Entwurfs vertheidigte;[1]) als durchschlagend konnte und kann auch heute noch das zur Vertheidigung Angeführte nicht gelten. Nach dem in § 1569[2]) erreichten gegentheiligen Standpunkte drängte, — abgesehen von der Anlehnung an seitherige Rechtsverhältnisse,[3]) — nicht nur der Mangel innerer und äußerer Gemeinschaft, der die Ehe bei unheilbarer, den Konnex mit der Außenwelt zerstörender Geisteskrankheit thatsächlich als gelöst erscheinen läßt. Hierhin drängte die Rücksicht auf den zurück-

Vgl. hierzu außerdem Hübler in der deutschen Juristenzeit. 1896 S. 43, Schiffer daselbst S. 253 f., Fuld, Das bürgerl. Gesetzb. u. die Ehescheidung (Arch. f. öffentl. R. 12. Bd. 1897) S. 388 ff.

1) So Roth, Klöppel, Köstlin (vgl. Zusammenstellung Bd. IV S. 288 und hierzu S. 287).

2) Für die Kämpfe in der Zeit der Entwürfe und der Reichstagsberathungen s. Pape, Wahnsinn als Ehescheidungsgrund (Erlanger Dissertat. 1897) S. 22 ff., Walter, Recht der Ehescheidung (Erlanger Dissertat. 1897) S. 51 ff., auch die kürzeren Hinweise bei Staudinger, Kommentar Bd. IV Anm. 1 zu § 1569, Endemann a. a. O. II § 167 Anm. 29, Jacobi a. a. O. (2. Aufl.) S. 99. Die Streichung des von E. II eingesetzten Scheidungsgrundes der Geisteskrankheit (E. II a § 1464, E. II b § 1554, E. III § 1552) erfolgte innerhalb der Reichstagskommission in beiden Lesungen mit 13 gegen 8 Stimmen (Bericht S. 2045, 2046). Im Reichstage wurde der Antrag auf Wiederherstellung der Regierungsvorlage in zweiter Lesung mit 125 gegen 116 Stimmen abgelehnt (115. Sitzung des Reichstags, 26. Juni 1896, Stenogr.Bericht S. 2967), in dritter Lesung mit 161 gegen 133 Stimmen angenommen (118. Sitzung, 1. Juli 1896, Rede des Abgeordn. Munckel a. a. O. S. 3084 ff., Abstimmung S. 3089).

3) Vgl. vor Allem preuß. ALR. II, 1 §§ 698, 759 (s. hierzu Dernburg a. a. O. § 18 bei Anm. 28 und die preuß. Entwürfe Mot. IV S. 570), sächs. BGB. §§ 1743, 1751, bad. LR. Art. 232 a; weitere Nachweise s. in der Begründ. z. Vorentwurf S. 1053, sowie Anlage VII (o. S. 17 Anm. 1) S. 131, sowie bei Hubrich S. 136 und bei Friedberg, Kirchenrecht 4. Aufl. § 160 Anm. 62. Von außerdeutschen Quellen verweise ich auf das schweiz. Bundesgesetz v. 24. Dez. 1874 Art. 46, schweiz. E. 159, schwedisches Ges. v. 27. April 1810 (vgl. Wasserschleben, Ehescheidung kraft landesherrl. Machtvollkommenheit S. 37). — Christoph, Ueber Geisteskrankheit als Ehescheidungsgrund vom juristisch-psychiatrischen Standpunkt (München. Dissertat.), Wiesbaden 1888.

gebliebenen Ehegatten, der bei Versagung der Scheidungsmöglichkeit im Interesse der gesetzlichen Wahrung einer sittlichen Pflicht (ohne Nutzen für den Geisteskranken und ohne dessen Wissen)[1]) aufgeopfert, sittlich und wirthschaftlich vielleicht zu Grunde gerichtet werden würde. Hierhin drängte endlich vor Allem die Rücksicht auf die Erziehung und Pflege der Kinder, die sich in der weitüberwiegenden Zahl der Fälle nur in einer neuen Ehe des zurückgebliebenen Ehegatten erreichen läßt.[2]) Stets muß dabei betont werden, daß nichts den zurückgebliebenen Theil zwingt, diesen Schritt zu thun. Das Gesetz giebt einen solchen Schritt nur frei. Ob der Einzelne diese Entschließung, die ihm das Gesetz überläßt, trifft, darüber werden sein inneres Empfinden, seine Selbstverantwortung, seine persönliche Auffassung über die Erfüllung kollidirender Pflichten, vor Allem die äußeren Umstände des Einzelfalls die Entscheidung geben.[3])

Aus der Natur des Scheidungsgrundes des § 1569 ergiebt sich, daß der Richter für diesen Fall in besonders hohem Maße auf das Urtheil medizinischer Sachverständiger angewiesen ist.[4]) Schon die Grundlage des § 1569, die Feststellung des Begriffs der „Geisteskrankheit", kann nur mit Hülfe der medizinischen Wissenschaft gefunden werden.

---

1) Auch Savigny gab trotz seiner ablehnenden Stellung gegenüber dem Scheidungsgrunde der Geisteskrankheit zu, daß für die Zulässigkeit dieses Scheidungsgrundes „die eigenthümliche Natur des Wahnsinns verglichen mit eigentlichen Krankheiten" spreche. „Bei diesen ist es stets möglich, das Leiden durch treue, liebevolle Pflege zu erleichtern. Bei dem Wahnsinn dagegen wird es meist dem gesunden Gatten gar nicht gestattet sein, an der Pflege Theil zu nehmen, vielleicht selbst nicht ihn zu sehen, sodaß er persönliche Pflichten, selbst bei dem besten Willen, gar nicht wird erfüllen können" (Savigny, Vermischte Schriften Bd. V S. 307).

2) Vgl. die Nachweise bei Schiffer a. a. O. S. 254.

3) Für die Pflicht, den geschiedenen geisteskranken Ehegatten zu alimentiren vgl. § 1583. Der die Scheidung beantragende Ehegatte wird von § 1583 so behandelt, als ob er der allein schuldige Theil sei. Dieselbe Position weisen ihm hinsichtlich der Auseinandersetzung bei allgemeiner Gütergemeinschaft und bei Fahrnißgemeinschaft die §§ 1478 Abs. 3 und 1549 zu.

4) Vgl. hierzu Denkschr. zur CPO. (o. S. 35 Anm. 1) S. 81 zu § 581a.

Es ist schwer denkbar, daß der Richter gerade in Fällen, wie dem vorliegenden, sich ein eigenes abschließendes Urtheil zutrauen wird. Es bedürfte deshalb im Grunde genommen kaum eines besonderen gesetzlichen Hinweises, darauf, sachverständige medizinische Gutachten heranzuziehen. Immerhin hat es CPO. § 623 nicht für überflüssig erachtet, für den Fall, daß der Richter auf Scheidung wegen Geisteskrankheit erkennen will, ausdrücklich zu bestimmen, daß ein solches Erkenntniß nicht gefällt werden „darf", „bevor das Gericht einen oder mehrere Sachverständige über den Geisteszustand des Beklagten gehört hat". Als „Sachverständiger" für Geisteskrankheiten kann aber nur ein psychiatrisch vorgebildeter Arzt gelten.

Es würde die Grenzen dieses Aufsatzes erheblich übersteigen, wollten wir auf eine nähere Untersuchung der anormalen Geisteszustände, mit denen das BGB. in den §§ 6, 104, 105, 114, 827, 1325, 1569 und 1910 operirt, eingehen. Als wesentlich sei nur betont, daß der Begriff „Geisteskrankheit", wie ihn die §§ 6 Ziff. 1, 104 Ziff. 3, 1569 BGB., sowie CPO. § 645 verwerthen, eine die normale Beschaffenheit der geistigen Funktionen ausschließende Krankheit voraussetzt.[1]) Von juristischer Seite ist in der Literatur seither am eingehendsten Endemann[2]) den anormalen Geisteszuständen und ihrer juristischen Bedeutung nachgegangen. Endemann hat Recht, wenn er darauf hinweist, daß mit den oben citirten Sätzen des BGB. ein Gebiet eröffnet ist, welches einer besonderen Pflege bedarf. Es darf nicht verkannt werden, daß der Richter unter dem neuene Recht in viel intensiverer Weise, als seither, gezwungen ist, sich über Art und Grad der geistigen Störung ein eigenes Urtheil zu bilden. Auch im Falle des § 1569 würde er seiner Aufgabe nicht gerecht werden, wenn er den ihm unterbreiteten medizinischen Gutachten völlig kritiklos gegenüberstände. Dankbar zu begrüßen ist es, daß man auch von medizinischer Seite den durch das BGB. aufgeworfenen Fragen größere Beachtung und

---

1) Hölder, Kommentar zum Allgem. Theil S. 82.
2) Einführung Bd. I § 28ff., insbesondere § 30.

literarische Arbeit zugewendet hat. Zum Belege weise ich, — neben den oben S. 35 Anm. 3 aufgeführten, wesentlich kritischen Schriften von Psychiatern, — besonders auf A. Cramer, E. Schultze, M. Brasch und Moeli hin.[1] Außer ihnen sei vor Allem auf die Werke von Kraepelin, v. Krafft-Ebing, R. Sommer und Leppmann Bezug genommen.[2]

BGB. betrachtet jedoch nicht jede Geisteskrankheit für hinreichend, um einen Antrag auf Scheidung zu begründen. Vielmehr fordert § 1569 unter Angabe bestimmter Merkmale einen fortgeschritteneren Grad geistiger Erkrankung: die Geisteskrankheit muß eine qualifizirte sein. Qualifizirt ist sie aber nach § 1569 nur,

> „wenn sie während der Ehe mindestens drei Jahre gedauert und einen solchen Grad erreicht hat, daß die geistige Gemeinschaft zwischen den Ehegatten aufgehoben, auch jede Aussicht auf Wiederherstellung dieser Gemeinschaft ausgeschlossen ist.“[3]

---

1) A. Cramer, Gerichtliche Psychiatrie (2. Aufl. mit besonderer Berücksichtigung des BGB.), Jena 1900, E. Schultze, Die für die gerichtl. Psychiatrie wichtigsten Bestimmungen des BGB. u. der Novelle zur CPO. (Alt'sche Samml. Bd. 3 Heft 1, Halle 1899), derselbe im Arch. f. bürgerl. R. Bd. 17 (1899) S. 89ff., M. Brasch, Die Geisteskranken im BGB. (Berlin, 1899), Moeli, Die Geisteskranken im BGB. und in der CPO. (Vierteljahrsschr. f. gerichtl. Medizin 3. F. Bd. 18 Heft 1).

2) Kraepelin, Psychiatrie (5. Aufl.) Leipzig 1896, v. Krafft-Ebing, Lehrbuch der gerichtlichen Psychopathologie (3. Aufl.), Stuttgart 1892, R. Sommer, Diagnostik der Geisteskrankheiten, Wien und Leipzig 1894, Leppmann, Die Sachverständigen-Thätigkeit bei Seelenstörungen, Berlin 1890. Einen Sonderabdruck aus dem an zweiter Stelle aufgeführten Werke v. Krafft-Ebing's bildet die trefflich orientirende Schrift des gleichen Verfassers „Die zweifelhaften Geisteszustände vor dem Civilrichter des deutschen Reiches nach Einführung des BGB.“, Stuttgart 1900 (2. Aufl.).

3) Das Vorliegen qualifizirender Momente wird vom BGB. nicht als erster Quelle gefordert. Bereits das sächs. BGB. (§ 1743) gestattete die Scheidung nur, „wenn auf Grund einer in einer Landesanstalt stattgefundenen dreijährigen Beobachtung des erkrankten Ehegatten von den Anstaltsärzten bezeugt wird, daß die Geisteskrankheit eine unheilbare sei“. Dreijährige Dauer und Unheilbarkeitserklärung verlangt auch das schweizer Recht (vgl. die schweizer Citate o. S. 36 Anm. 3). Die Aufhebung der geistigen Gemeinschaft zwischen den Ehegatten fordert keine dieser Quellen. Für das preußische Recht vgl. Hubrich, Ehescheidung S. 198. Innerhalb der Reichstagskommission wurde die Erwartung ausgesprochen, daß wegen der von § 1569 aufgestellten „scharfen Voraus-

Drei Momente sind es, die der Richter als essentielle Unterlage der Klagbegründung aus § 1569 dieser Vorschrift zu entnehmen hat:

Gefordert wird eine mindestens dreijährige Dauer der Geisteskrankheit während der Ehe. Erforderlich ist hiernach, daß die Geisteskrankheit nach Abschluß der Ehe einen ununterbrochenen Zeitraum von wenigstens drei Jahren hindurch bestanden hat. Nicht erforderlich ist, daß der Zeitpunkt der Entstehung der Geisteskrankheit in die Ehe fällt; möglich ist deshalb, daß der Beginn der Krankheit bereits vor der Ehe liegt.[1] Eine andere Frage ist es im letzteren Falle, ob die Ehe nicht nach § 1325 nichtig oder nach § 1333 anfechtbar ist.[2] Die dreijährige Frist des § 1569 läuft von dem Momente ab, in dem die Geisteskrankheit in der Ehe auftritt. Mit Recht hat man davon abgesehen, zunächst gerichtliche Feststellung der Geisteskrankheit beziehentlich eine Entmündigung des geisteskranken Ehegatten zu fordern, und erst von dieser Feststellung oder Entmündigung ab die dreijährige Frist laufen zu lassen.[3] Vollendet muß der Ablauf der gedachten Frist zu dem Zeitpunkte sein, an welchem der Sachverständige sein Gutachten abgiebt. Es genügt deshalb nicht, wenn die dreijährige Frist zwar nicht bis zu dem ebengedachten Zeitpunkte, wohl aber bis zum Erlaß des gerichtlichen Urtheils abgelaufen ist.[4] Die dreijährige Dauer bildet vielmehr die nothwendige Unterlage für das Gutachten des Sachverständigen; sein Obersatz

---

setzungen" die Fälle der Ehescheidung wegen Geisteskrankheit „außerordentlich selten sein würden" (vgl. Bericht a. a. O. S. 2045).

1) Es ist sogar möglich, daß die Geisteskrankheit, auf Grund deren die Scheidung begehrt wird, eine kongenitale, durch mangelhafte Entwickelung des Gehirns bedingte ist.

2) Vgl. hierzu Planck Anm. 3c zu § 1569.

3) S. Prot. IV S. 427, sowie Erkenntn. d. Reichsger. v. 12. Juli 1886 (Entsch. in Civils. Bd. 16 Nr. 55) und v. 10. März 1892 (a. a. O. Bd. 30 Nr. 55). Vgl. in Hinblick auf das Vorliegen einer früheren Entmündigung u. im Text.

4) Die Frage ist nicht unbestritten. Vgl. auf der einen Seite Hubrich im Archiv f. civil. Praxis 85. Bd. 1896 S. 66, auf der anderen Seite (mit der im Text für richtig erklärten Auffassung übereinstimmend) Endemann a. a. O. II § 167 Anm. 33.

von der Aussichtslosigkeit auf Wiederherstellung der zerstörten geistigen Gemeinschaft zwischen den Ehegatten baut sich auf der von § 1569 als Mindestmaß aufgenommenen Krankheitsdauer in Verbindung mit dem von der Krankheit erreichten Grade auf. Würde dem Richter eine Scheidungsklage in einem Falle vorgelegt, in dem der Ablauf der dreijährigen Frist noch nicht beendet ist, so würde er ohne Weiteres abweisen müssen. Nun ist jedoch denkbar, daß diese Abweisung wegen mangelnden Fristablaufs nicht ohne Weiteres erfolgt. Wenn dann im Laufe des Rechtsstreites die mangelnde Voraussetzung der dreijährigen Dauer nachträglich erfüllt wird, so würde der Richter entschieden formalistisch handeln, wollte er unter Berufung auf den anfänglich vorhandenen Mangel der vollendeten dreijährigen Frist, der im Gutachten des Sachverständigen unberücksichtigt geblieben ist, abweisen. Der Richter handelt hier richtig, wenn er eine Ergänzung des sachverständigen Gutachtens herbeiführt und die ununterbrochene Fortdauer der Geisteskrankheit bis zum Ablaufe der von § 1569 geforderten Dauer durch den Sachverständigen konstatiren läßt.

Weil eine dreijährige ununterbrochene Krankheit verlangt wird, so würde eine — wenngleich zeitweilige — geistige Gesundung den Lauf der Frist unterbrechen. Diese Unterbrechung des Fristenlaufs ist eine definitive. Würde der zeitweilig Genesene einen Rückfall erleiden, so läuft vom Momente dieses Rückfalls ab eine neue dreijährige Frist. Keine Unterbrechung erleidet dagegen der Lauf der dreijährigen Frist durch lichte Zwischenräume, in denen der Kranke zeitweise normal denkt oder zu denken scheint, während die Geisteskrankheit als solche fortdauert. Der Richter darf sich deshalb nicht darauf beschränken, in Hinblick auf die von § 1569 geforderte dreijährige Frist lediglich rechnerisch vorzugehen, sondern muß den Verlauf der Krankheit während dieser Frist prüfen. Er würde beispielsweise dieser Pflicht nicht entsprechen, wenn er sich bei Berufung des Klägers auf eine vor drei Jahren erfolgte und seitdem aufrecht erhaltene Entmündigung des anderen Theils wegen Geisteskrankheit damit begnügen wollte, lediglich die Thatsache und den Zeitpunkt dieser Entmündigung festzustellen und hieraus die Er=

füllung der von § 1569 geforderten Krankheitsdauer ohne Weiteres herzuleiten. Es ist recht wohl denkbar, daß die Entmündigung nicht aufgehoben worden ist, obwohl der Entmündigte von einem ersten Anfalle geistiger Erkrankung genesen war und erst nach Verlauf eines halben Jahres in neue Geisteskrankheit, deren Dauer die Frist des § 1569 noch nicht erfüllt, verfiel.

Nicht erforderlich ist, daß die Geisteskrankheit während der gesammten von § 1569 festgesetzten Frist denjenigen Grad zeigt, der vom Gesetz als zweites essentielles Moment für die Begründung des Scheidungsantrags verlangt wird.[1]) Die Krankheit muß vielmehr nur im Laufe der vorangegangenen, mindestens dreijährigen Periode einen derartigen qualifizirten Grad erreicht haben.[2]) Dieser qualifizirte Grad, — wie bemerkt das zweite Klagfundament für einen Scheidungsantrag aus § 1569, — ist *eine solche Steigerung der Geisteskrankheit, daß die geistige Gemeinschaft zwischen den Ehegatten aufgehoben ist.*

Die Aufstellung dieser Forderung zeigt, — ganz abgesehen von ihrer praktischen, auf Einschränkung der Zahl der Scheidungsfälle wegen Geisteskrankheit gerichteten Bedeutung, — den *prinzipiellen* Standpunkt, den der Gesetzgeber bei § 1569 einnahm. Würde man eine Geisteskrankheit minderen Grades, auch wenn sie zur Aufgabe der ehelichen Lebensgemeinschaft und zur Anstaltsbehandlung des erkrankten Theiles nöthigt, für einen hinreichenden Scheidungsgrund erklärt haben, so würde man zu Konsequenzen gedrängt worden sein, denen man sich ausdrücklich verschließen zu müssen meinte. Man hätte dann in allen Fällen, in denen die Fortsetzung der ehelichen Lebensgemeinschaft durch einen in der Person eines Ehegatten eingetretenen unverschuldeten Umstand

1) Prot. IV S. 427.

2) Nicht erforderlich ist demnach, daß dieser gesteigerte Krankheitszustand vor der Scheidung *eine bestimmte Frist hindurch* gedauert hat. Denkbarer Weise tritt die Geisteskrankheit von Anfang an mit solcher Stärke auf, daß dieser gesteigerte Grad sofort oder zum mindesten sehr bald erreicht ist. Ebenso denkbar ist eine langsam verlaufende Paralyse. Betreffs des Zeitpunktes, in dem dieser gesteigerte Krankheitsgrad erreicht sein *muß*, wenn er den Antrag auf Scheidung aus § 1569 rechtfertigen soll, gilt das o. S. 41 Ausgeführte.

dauernd unmöglich geworden ist, ein Recht auf Scheidung gewähren müssen.[1] Insbesondere hätte man ein solches Scheidungsrecht anerkennen müssen, wenn unheilbares körperliches Siechthum einen Ehegatten zu dauernder Unterkunft und Behandlung in einem Krankenhaus oder einer Heilanstalt nöthigt. Hier schafft die Forderung, daß die geistige Gemeinschaft zwischen den Ehegatten aufgehoben sein müsse,[2] die richtige Basis. Dem physischen Tod wird der geistige Tod an die Seite gestellt. Der geistig in einem so hohem Maße Erkrankte wird als mort vivant betrachtet.[3] Wenn die Motive erklären, es sei unmöglich, eine Grenzlinie zwischen den verschiedenen Formen der Geisteskrankheit zu ziehen, wenn sie ferner hinzufügen, es sei praktisch unausführbar, diejenigen Fälle, in denen durch die Geisteskrankheit jede geistige Gemeinschaft aufgehoben werde, von anderen Fällen zu sondern,[4] so muß dieser Auffassung entschieden widersprochen werden. Die geistige Gemeinschaft ist dann zwischen den Ehegatten aufgehoben, wenn auf Seiten des geisteskranken Ehegatten die volle Unfähigkeit des Verständnisses und der Empfindung für das eheliche Verhältniß, wie für die aus diesem Verhältnisse entspringenden sittlichen Pflichten, vorliegt.[5] Möglich ist hierbei, — wenn wir speziell an Fälle terminalen Blödsinns

1) Prot. IV S. 426.

2) Bereits in den Motiven des preuß. Ehegesetz-Entwurfs v. 1856 (der übrigens die Ehescheidung wegen Geisteskrankheit verwirft) wird davon gesprochen, daß bei unheilbarem Wahnsinn die zu einer wahren Ehe nothwendige geistige Gemeinschaft aufgehoben sei.

3) S. Hübler, Deutsche Juristenzeitung 1896 S. 43, Planck zu § 1569 Anm. 3a, v. Krafft-Ebing, Sonderabdr. (s. o. S. 39 Anm. 2) S. 25, sowie die Reden von Osann (Verhandl. des Reichstags a. a. O. S. 2958) und Munckel (a. a. O. S. 3085), auch Prot. IV S. 426, Bericht der Reichstagskommission S. 2045.

4) Mot. IV S. 571, vgl. auch O. Mayer, Verhandl. d. 20. Juristentags Bd. IV S. 371.

5) Es würde selbstverständlich unzutreffend sein, wollte man den Begriff „geistige Gemeinschaft" in dem Sinne des Austauschs geistiger Ideen, gegenseitiger geistiger Anregung und Förderung fassen. Eine solche enge Gemeinschaft kann zwischen geistig bedeutenderen Persönlichkeiten bereits durch eine nichtkrankhafte Abnahme der Geisteskräfte eines Theils, z. B. lediglich auf Grund zunehmenden Alters, gelöst werden.

denken, — daß der kranke Ehegatte noch die dunkle Erinnerung besitzt, daß er seither in einer Ehe gestanden hat; vielleicht erinnert ihn hieran mitten in seinen Wahnvorstellungen ein völlig äußerliches Moment, beispielsweise die an ihn gerichtete Anrede „Frau" oder ein glänzender Goldring am Finger. Das ist aber Alles! Im Uebrigen fehlt ihm jedes Verständniß für das eheliche Verhältniß. Er weiß weder, mit wem er verheirathet ist, noch erkennt er den anderen Theil wieder.[1]) Es fehlt ihm jedes Gefühl für eine derjenigen Aufgaben und ethischen Pflichten, die mit seiner Stellung als Ehegatte unter normalen Verhältnissen verbunden sein müßten. Wie ich meine, liegen in diesen Sätzen nicht nur die wichtigsten Merkmale des zu erläuternden Begriffs, sondern zugleich praktisch brauchbare Direktiven für den medizinischen Sachverständigen und für den Richter.

Unzner[2] erläutert den Begriff der Aufhebung der geistigen Gemeinschaft unter Hinweis darauf, daß „dem geisteskranken Ehegatten das Bewußtsein des bestehenden ehelichen Bandes abhanden gekommen sein" müsse. Hat Unzner damit sagen wollen, der erkrankte Ehegatte dürfe keine Erinnerung mehr daran besitzen, daß er seither überhaupt verheirathet gewesen sei, so würde diese Auslegung mit Rücksicht auf das soeben Ausgeführte für zu eng gelten müssen.[3]) Auf der anderen Seite dürfen nicht solche paranoische Erkrankungen unter § 1569 gestellt werden, bei denen der erkrankte Theil bewußt, mit vollster Liebe an dem anderen Ehegatten hängt, ihn aber als Ausfluß der vorhandenen Erkrankung derart mit Wahnvorstellungen verfolgt,[4]) daß eine Lebensgemeinschaft zwischen beiden Ehegatten thatsächlich ausgeschlossen ist. Eine Scheidung kann hier nicht erfolgen, weil in diesem Falle eine Aufhebung der „geistigen Ge-

1) Jedenfalls erkennt er in dem anderen Theile nicht seinen Ehegatten wieder.

2) Bei Planck, Kommentar IV Anm. 3a zu § 1569.

3) S. auch Endemann II § 166 Anm. 30.

4) Eine nicht selten beobachtete paranoische Erscheinung. Die Wahnideen gipfeln hier vor Allem in einer wilden Eifersucht. Vgl. v. Krafft-Ebing Lehrbuch S. 134.

meinschaft" in dem S. 43 bei Anm. 5 festgestellten Sinne nicht angenommen werden darf. Allerdings kann bei der häufigen Unheilbarkeit von Erkrankungen der ebengedachten Art die Versagung der Scheidung für den im Leben zurückgebliebenen Theil als Härte erscheinen. Der gesunde Ehegatte ist aber in einem solchen Falle in keiner anderen Lage, als in einem der S. 43 bei Anm. 1 aufgeführten Fälle. Das gefundene Resultat dürfte auch leichter Billigung finden, wenn man auf den erkrankten Theil blickt, und sich die Härte vergegenwärtigt, die für ihn unter den bestehenden Verhältnissen in der Scheidung liegen würde.

Die letzten Sätze haben bereits ein Moment hereingezogen, welches als weiteres qualifizirendes Moment und zugleich als dritte Voraussetzung der Anwendung des § 1569 vom Gesetz aufgestellt wird: Es muß jede Aussicht auf Wiederherstellung der durch die Krankheit aufgehobenen geistigen Gemeinschaft ausgeschlossen sein. Die Scheidung würde demnach nicht ausgesprochen werden dürfen, wenn zwar eine Wiedergenesung des erkrankten Theils ausgeschlossen erscheint, aber noch Aussicht auf eine Besserung besteht, welche die geistige Gemeinschaft zwischen den Ehegatten wieder anknüpft. Gegenüber den absprechenden Kritiken, die gerade dieser Theil des § 1569 gefunden hat, darf, gestützt auf medizinische Autoritäten, betont werden, daß der Gesetzgeber mit einer Forderung der Feststellung dieses qualifizirenden Moments weder dem medizinischen Sachverständigen noch dem Richter etwas Unmögliches zumuthet. Es wurde bereits bei Besprechung des vorangehenden Moments der Aufhebung der geistigen Gemeinschaft darauf hingewiesen, welche Zustände geistiger Erkrankung in Frage kommen. In erster Linie sind dies alle die Fälle von unheilbarem terminalen Blödsinn, in dem die mannigfaltigsten Psychosen enden können. Gerade bei ihnen ist die Möglichkeit eines Irrthums nach den Erfahrungen der Psychiatrie auf ein Minimum beschränkt.[1]) Neben diesen Fällen lassen sich aber auch Fälle paranoischer Erkrankung eines Ehegatten denken, welche

1) Vgl. Brasch a. a. O. S. 45, auch v. Krafft-Ebing, Sonderabdr. S. 23, 26.

die Voraussetzung einer Aufhebung der geistigen Gemeinschaft zwischen den Ehegatten erfüllen [1]) und nach ihrem vorausgegangenen dreijährigen Verlaufe als unheilbar angesehen werden müssen. Ob hier zugleich jede Aussicht auf eine zeitweilige Besserung und eine damit zusammenhängende Erneuerung der geistigen Gemeinschaft ausgeschlossen ist, wird sich nur nach den Sonderumständen des Einzelfalls beantworten lassen.

In der Literatur findet sich die Ansicht, es könne durch diese von § 1569 geforderte dritte Voraussetzung der Scheidungsanspruch geradezu illusorisch werden. „Denn es würde hiernach ein Richter, welcher diesen Scheidungsgrund überhaupt nicht billige, selbst im Falle thierischen Blödsinnes nicht gehindert sein, zu sagen: Bei Gott ist kein Ding unmöglich, also weise ich ab.“ [2]) Ich theile diese Befürchtung, die in der Art ihrer Begründung einen bedenklichen Vorwurf gegen unseren Richterstand in sich schließt, nicht. Selbst wenn man annehmen wollte, daß das Urtheil eines einzelnen Richters in dieser oder ähnlicher Weise beeinflußt werden könnte, so würde der bereits oben [3]) in die Wagschale geworfene Umstand — die Entscheidung im Kollegialgericht — das geeignete Gegengewicht bilden. Richtig ist es, die Aufgabe des Richters für die Entscheidung dieser dritten Voraussetzung des § 1569 so aufzufassen, wie dies vom Abgeordneten Dr. Osann in der Reichstagssitzung vom 26. Juni 1896 [4]) gekennzeichnet wurde. Wenn das Gesetz verlangt, daß jede Aussicht auf Wiederherstellung der zerstörten geistigen Gemeinschaft ausgeschlossen sei, so kann dies nur heißen: jede Aussicht nach menschlicher, begründeter Ueberzeugung. Mehr

---

1) Z. B. der Erkrankte wird ganz von der Wahnidee beherrscht, daß seine Frau längst verstorben sei und daß die ihm als seine Ehefrau Gegenübertretende überhaupt eine völlig fremde Person sei, die sich ihm unter Vorspiegelung falscher Thatsachen aufdränge. Alle seine Gesinnungen ihr gegenüber bestehen deshalb in Haß und Verachtung. — Vgl. C. Werner, Die Paranoia, Stuttgart 1891.

2) Jacobi, Das persönliche Eherecht S. 100.

3) Vgl. oben S. 21.

4) Sitzung v. 26. Juni 1896 (vgl. o. S. 36 Anm. 2), Stenograph. Bericht S. 2958.

als eine Gewißheit unter Menschen, — so betonte Osann mit Recht, — kann in menschlichen Angelegenheiten nicht gefordert, nicht erreicht werden. Weil aber von dem Richter eine volle, eigene Gewißheit über die Aussichtslosigkeit einer Erneuerung der aufgehobenen geistigen Gemeinschaft verlangt wird, so wird der Richter nur selten in der Lage sein, auf Grund eines Gutachtens, dessen Verfasser eine mehr oder minder strenge Auffassung vertreten kann, zu entscheiden. Vor Allem würde der Richter seine Aufgabe nicht erfüllen, wollte er die Entscheidung ohne eigenes Eindringen und ohne persönliche Prüfung dem Gutachten des Sachverständigen blind überlassen. Die richterliche Verantwortung wächst, sobald mehrere medizinische Gutachten vorliegen und diese Gutachten mit einander nicht im Einklang stehen. Hier giebt die Stimme des Gerichtshofs den Ausschlag. Möchte von der künftigen Praxis dasselbe gelten, was im Reichstag der preußischen Praxis des landrechtlichen Gebietes nachgerühmt wurde:[4]) „daß kein Fall nachgewiesen sei, in dem wegen Wahnsinns ohne Hoffnung auf Besserung geschieden und nachträglich diese Feststellung für unzutreffend erkannt worden sei!"

4) A. a. O. S. 2961.

Alexander Leist.

Schiedssprüche gegen zwingendes Recht.

I.

Die österreichische Civilprozeßordnung schreibt im § 595 vor, daß ein Schiedsspruch wirkungslos ist, wenn er gegen zwingende Rechtsvorschriften verstößt.[1])

Die deutsche Civilprozeßordnung enthält auch in ihrer neuen Fassung keine ausdrückliche Entscheidung der Frage, ob Schiedssprüche, die gegen zwingende Rechtsvorschriften verstoßen, wirksam sind.

Diese Frage soll im Folgenden besprochen werden.

Daß sie bisher kaum aufgeworfen ist, braucht nicht zu verwundern; sie kann nur in geringem Maße praktisches Interesse beanspruchen, wenn man darunter, wie gebräuchlich ist und bei civilrechtlichen Fragen von Vielen als selbstverständlich betrachtet wird, das Interesse versteht, das aus der Praxis der ordentlichen Gerichte hervorgeht.

Der Grund dafür, daß die ordentlichen Gerichte nicht häufig mit Schiedssprüchen zu thun haben, die gegen zwingende Rechtsvorschriften verstoßen, liegt nicht etwa darin, daß Schiedsverträge und Schiedsgerichte nur eine geringe Rolle spielten.

Wenn der Praktiker W. H. Puchta[2]) für seine Zeit mit Recht

1) Schon in der Nürnberger Reformation ist bestimmt, daß ein Schiedsspruch „ohne einige Reduktion" gelten solle, „es wäre dann, daß derselbige Ausspruch wider öffentliche Satzung derer Rechte . . . ergangen wäre".

2) Das Institut der Schiedsrichter nach seinem heutigen Gebrauch und seiner heutigen Brauchbarkeit, Erlangen 1823.

behauptet hat, von dem Institut des Schiedsvertrages werde „so wenig Gebrauch gemacht, daß es beinahe als veraltet erscheint", so ist inzwischen ein bemerkenswerther, aber nicht hinreichend bemerkter [1]) Umschwung eingetreten.

Wer das Material zur Beobachtung und Beurtheilung des heutigen Rechtslebens nicht allein aus der Praxis der ordentlichen Gerichte entnimmt, kann darüber nicht im Zweifel sein, daß das Institut des Schiedsvertrages gegenwärtig in kräftigem Wachsthum steht. Die Bestimmungen der CPO., von denen die Begründung zum Entwurf rühmte, daß sie der Idee und dem Zwecke des schiedsrichterlichen Instituts entsprechend das Verfahren so sehr vereinfachen und so praktisch gestalten, daß dasselbe allen berechtigten Anforderungen zu entsprechen vermöge, haben reiche Frucht getragen. Vor Allem ist von Bedeutung gewesen, daß die CPO. unter Beseitigung der gegensätzlichen Vorschriften oder Zweifel des bisherigen Rechts das antizipirte Kompromiß anerkannt hat. Während noch der Praktiker Pfeiffer bezeugte, daß das große Publikum von der Zulässigkeit und Bedeutung des schiedsrichterlichen Verfahrens keine Kenntniß habe, zeigen jetzt schon die von Bolze zusammengestellten Entscheidungen des Reichsgerichts hinreichend deutlich, welcher mannigfaltige Gebrauch von dem Kompromiß, und zwar vorzugsweise dem antizipirten Kompromiß, in weiten Kreisen gemacht wird. Dort aber, wo schon früher die antizipirte kompromissarische Anordnung Anerkennung gewonnen hatte, nämlich in Gesellschaftsverträgen und Vereinsstatuten, [2]) ist die Entwickelung durch den Umstand gefördert worden, daß das Vereinswesen in der neuesten

---

1) In der 1888 erschienenen Dissertation von Bernh. Mayer über die Vereinbarung schiedsrichterlicher Rechtsstreitentscheidung behauptet der Verfasser unter Berufung auf Puchta und Pfeiffer, von dem schiedsrichterlichen Institut werde in der Praxis im Allgemeinen so wenig Gebrauch gemacht, daß eine reiche praktische Erfahrung sich auf diesem Gebiete wohl Niemand werde sammeln können.

2) Die Begründung zum Entwurf der CPO. von 1874 rechtfertigte die Zulassung des antizipirten Schiedsvertrages mit dem Hinweis auf die große Zahl der landesherrlich bestätigten Statuten von Korporationen und Gesellschaften, worin kompromißarische Anordnungen der bezeichneten Art sich finden.

Zeit eine gewaltige Ausdehnung erfahren hat. Freilich sind zahlreiche Vereinigungen jetzt schon über die kompromissarische Anordnung hinaus dazu fortgeschritten, die Entscheidung von Streitigkeiten innerhalb des Verbandes der Mitgliederversammlung oder dem Vorstand unter Ausschluß des Rechtswegs zu übertragen. Davon wird in anderem Zusammenhang zu reden sein. Immerhin läßt sich auch jetzt noch die Einsetzung von Schiedsgerichten in den Satzungen vieler Versicherungsgesellschaften, Genossenschaften, Berufsvereine, Kartelle und anderer Arbeitgeberverbände nachweisen. Sind aber die Angehörigen einer Vereinigung in ihren Beziehungen zu dieser einem Vereinsschiedsgericht unterstellt, so liegt es nahe, daß sie auch bei Geschäften untereinander auf dieses Schiedsgericht kompromittiren. Bekannt ist, daß die Börsen und börsenähnlichen Vereinigungen besondere Schiedsgerichte zur Entscheidung von Streitigkeiten über Börsengeschäfte eingesetzt haben und daß an vielen Orten die Schlußscheinformulare die Kompromißklausel enthalten.[1]) Wie in früheren Jahrhunderten tritt in den Kreisen, die sich ein ständiges Sondergericht geschaffen haben, zuweilen das Bestreben hervor, auch Fremde vor dieses Gericht zu ziehen. Die Reichsgesetzgebung hat sich bereits veranlaßt gesehen, dem Gebrauch, auch in Börsengeschäften mit outsiders das Kompromiß auf das Börsenschiedsgericht aufzunehmen, entgegenzutreten; das Börsengesetz schreibt in § 28 vor, daß antizipirte Kompromisse auf das Börsenschiedsgericht nur verbindlich sind, wenn beide Theile Kaufleute oder für den betreffenden Geschäftszweig in das Börsenregister eingetragen sind. Allein der Werth dieser Bestimmung ist fragwürdig, wenn es zulässig bleibt, die Besetzung des Schiedsgerichts einem der Börse nahestehenden Dritten zu übertragen;[2]) denn daß ein Externer, der sich auf eine solche Kompromißklausel nicht einlassen wollte, überhaupt keinen Kontrakt finden könnte, unterliegt hinsichtlich der Börsen mit fester Organisation keinem

---

1) Vgl. auch über die Schiedsgerichte in der Tarifgemeinschaft der Buchdrucker Kulemann, Gewerkschaftsbewegung S. 630f.

2) Vgl. Bondi in Monatsschr. f. Handelsr. u. Bankwesen VI (1897).

Zweifel. Welche durch die wirthschaftliche Uebermacht des einen Theils dem anderen Theil aufgenöthigte Kompromisse uns die Zukunft bringen kann, mag folgende Beobachtung aus Oesterreich [1]) zeigen: „Die betreffende Unternehmervereinigung verpflichtet ihre Mitglieder unter strengen Ordnungsstrafen, die betreffende Waare inländischer Provenienz nur von solchen Parteien zu kaufen, bezw. nur an solche Parteien zu verkaufen, die sich bei Abschluß des Geschäfts nebst einer Reihe anderer Bedingungen der Provozirung des Schiedsgerichts der Wiener Börse (Waarensektion) für alle aus dem Geschäft entstehenden Streitigkeiten unterwerfen. Wie aus einem an alle Mitglieder des Verbandes gerichteten Zirkulare zu entnehmen ist, hat dasselbe (?) zur Kontrolle der Einhaltung dieses Schlußbrief-Uebereinkommens einen besonderen Ueberwachungsausschuß eingesetzt, der von der Verhängung der erwähnten Ordnungsstrafen nur in dem Falle absehen darf, als ihm der Verkäufer der betreffenden Waare bei rückgängiger Tendenz innerhalb vier Wochen vom Geschäftsabschluß brieflich anzeigt, daß trotz mindestens zweimaliger schriftlicher Mahnung der unterzeichnete Gegenschlußbrief vom Käufer nicht zu erlangen war. Aber auch beim Vorhandensein solcher Umstände erwartet der Vorstand, daß von dem Verzichte auf den Gegenschlußbrief nur in den äußersten Fällen Gebrauch gemacht wird. . . Sofern also dieses Uebereinkommen von den Mitgliedern des Verbandes respektirt wird — und die Leitung des letzteren scheint alles gethan zu haben, um dieses Ziel zu erreichen — kann ein Konsument des betreffenden Halbfabrikats diesen Artikel lediglich dann beziehen, wenn er für alle aus dem betreffenden Geschäfte entstehenden Differenzen die Kompetenz des Schiedsgerichts der Wiener Waarenbörse anerkennt. Will er sich dieser Bedingung nicht fügen, so wird er das gedachte Produkt, das er zum Betrieb seines Gewerbes unumgänglich nöthig hat, vergeblich zu erhalten suchen, selbst wenn er dafür den höchsten Marktpreis und noch mehr zu bieten geneigt ist. Es läßt sich nicht

---

1) Als „autoritative Darstellung" angeführt in Beil. zu d. sten. Protokollen über die Sitzungen des (österr.) Herrenhauses 1894/95 Nr. 460.

verkennen, daß ein derartiges Verhältniß für den Konsumenten eine Zwangslage schafft, durch die er faktisch einer von ihm nicht gewollten Gerichtszuständigkeit unterworfen und seinem ordentlichen Richter entzogen wird. — Es ergiebt sich sohin die Beobachtung, daß die Dank der positiven Gesetzgebung schrankenlose Vertragsfreiheit auf der einen Seite einer organisirten Interessengruppe für den Kompaciscenten der Gegenseite eine wesentliche Einschränkung der Vertragsfreiheit zur Folge hat — eine Konsequenz, wie sie sämmtlichen Verabredungen wirthschaftlicher Klassenorganisationen eigen ist.“ [1]) Es wäre nicht verwunderlich, wenn in Zukunft auch Schiedsverträge des Handlungsgehülfen mit seinem Prinzipal auf einen anderen Kaufmann, des Schauspielers mit seinem Direktor auf einen Vertrauensmann des letzteren, des Miethers mit dem Vermiether auf ein Komitee des Hausbesitzervereins und dergl. sich mehrten. [2])

Der Grund dafür, daß die ordentlichen Gerichte selten vor die Frage gestellt werden, ob Schiedssprüche gegen zwingendes Recht giltig und mit dem Vollstreckungsurtheil zu versehen sind, liegt auch nicht darin, daß die Schiedsgerichte keine Gelegenheit oder Veranlassung fänden, bei ihren Entscheidungen zwingende Rechtsvorschriften bei Seite zu schieben.

Wenn in der „Satzung“ einer Unternehmerkoalition die Verletzung der von den Mitgliedern übernommenen Verpflichtung, sich

---

1) Um solchen Mißständen zu begegnen, ist nunmehr in Art. 33 des österr. Einf.Ges. zur CPO. folgende Vorschrift eingestellt: „Ein Erkenntniß des Börsenschiedsgerichts kann mittels Nichtigkeitsbeschwerde angefochten werden: 1) wenn der Schiedsvertrag ungiltig ist; ein Schiedsvertrag ist insbesondere ungiltig, wenn der Beschwerdeführer denselben mit Rücksicht auf die von Mitgliedern eines Unternehmerverbandes (Kartell) getroffene Verabredung eingegangen ist, wonach für seine gewerbliche Produktion erforderliche Stoffe, Werkzeuge oder sonstige Hülfsmittel im inländischen Verkehr nur unter der Bedingung veräußert werden sollen, daß sich der Käufer in Ansehung der aus dem Geschäfte entspringenden Streitigkeiten einem Börsenschiedsgerichte unterwerfe; auf die Geltendmachung dieser Ungiltigkeit kann vor Beginn der schiedsrichterlichen Verhandlung nicht verzichtet werden.“ Eine verwandte Bestimmung ist im Art. 30 des Einf.Ges. zur Exekutionsordnung getroffen.

2) Vgl. Entscheid. d. Reichsger. Bd. 14 S. 258.

an einer durch die Majorität verhängten Aussperrung zu betheiligen, durch hohe Vertragsstrafen bedroht wird, so werden die Betheiligten schwerlich darüber im Zweifel sein, daß die Zahlung der Strafe wegen der Vorschrift des § 152 der Gewerbe-Ordnung [1]) nicht mit Hülfe eines ordentlichen Gerichts erzwungen werden könnte. Dennoch sind solche Strafversprechen nicht wirkungslos, weil sie — sofern nicht die Auferlegung der Strafe einfach einem Verbandsorgan übertragen ist [2]) — mit der Kompromißklausel versehen sind. Wollte ein der Aussperrung widerstrebendes Mitglied es auf den Schiedsspruch ankommen lassen, so würde es wenig Aussicht haben, von der Zahlung der Vertragsstrafe freigesprochen zu werden. [3])

In Oesterreich blüht das Kartellwesen, obwohl ein Gesetz vom 7. April 1870 alle Verabredungen von Gewerbsleuten zu dem Zwecke, den Preis einer Waare zum Nachtheil des Publikums zu erhöhen, für ungiltig erklärt. Zur Erklärung dieser Erscheinung

---

1) Jetzt in Verbindung mit BGB. § 344, vgl. Entscheid. d. Reichsger. Bd. 38 S. 160.

2) Vgl. z. B. betr. den Arbeitgeberverband des Maurer- und Zimmergewerbes in Magdeburg Kulemann, Gewerkschaftsbewegung S. 573 f.: „Zur Sicherheit für bedingungslose Durchführung der gefaßten Beschlüsse hat jedes Mitglied 3% der anrechnungsfähigen Löhne, mindestens jedoch 500 M. in Sichtwechseln oder in mündelsicheren Papieren zu hinterlegen und anzuerkennen, daß unter Ausschluß des Rechtsweges diese Sicherheit dem Verbande zu Eigenthum verfallen ist, sofern in der Verbandsversammlung mit Dreiviertel-Mehrheit ein Verstoß gegen die Satzungen festgestellt ist."

3) Soziale Praxis IX 149 f.: „In diesem Frühjahr beschloß eine Versammlung der Zehdenicker Maurer- und Zimmermeister, die Forderung der Arbeiter: zehnstündige Arbeitszeit und 35 Pfg. Stundenlohn, nicht zu bewilligen. Gleichzeitig setzte die Versammlung fest, daß Jeder, der gegen diesen Beschluß verstoße, eine vom Innungsschiedsgericht festzusetzende Strafe von 300—500 M. zu erlegen habe. In Folge dieses Beschlusses kam es zum Streik. Bald darauf traten zwei Unternehmer, Maurermeister B. und Zimmermeister T., von den mit ihren Kollegen getroffenen Vereinbarungen zurück und bewilligten die Forderungen der Streikenden . . . Weiter aber wurden die Unternehmer B. und T., weil sie die Forderungen der Arbeiter bewilligt hatten, vom Innungsschiedsgericht zu 500 M. Geldstrafe verurtheilt."

trägt bei,[1]) daß die Kartellverträge durchweg außer der Festsetzung hoher Konventionalstrafen die Schiedsgerichtsklausel enthalten. Diese Anordnungen wären zwecklos, wenn die Betheiligten es nicht als sicher betrachteten, daß die Schiedsgerichte zur Zahlung der Strafen ohne Rücksicht auf die aus zwingenden Rechtsvorschriften hervorgehende Unverbindlichkeit der Strafversprechen verurtheilen würden. So lange Schiedssprüche wider zwingendes Recht Geltung haben, würde es wenig ausmachen, wenn etwa die Jurisprudenz in Deutschland dazu gelangte, gewisse Kartellvereinbarungen als gegen die guten Sitten verstoßend für nichtig zu erklären.

Die Klagen aus Termingeschäften und verwandten Verträgen scheitern vor den ordentlichen Gerichten in Oesterreich wie in Deutschland vielfach an dem Einwand des Differenzgeschäfts. Wird dagegen die Klage vor einem Schiedsgericht erhoben, das von Mitgliedern der Börse oder Angehörigen der ihr nahestehenden Kreise gebildet wird, so hat jener Hinweis auf die gesetzlichen Bestimmungen gegen die Differenzgeschäfte wenig Aussicht auf Erfolg. Die Börsenschiedsgerichte brauchen sich nicht einmal zu den gesetzlichen Vorschriften über Spielverträge oder Differenzgeschäfte in Widerspruch zu setzen, um zur Verurtheilung von Beklagten zu gelangen, die vor ordentlichen Gerichten alle Aussicht hätten, mit dem Einwand des Differenzgeschäfts durchzudringen. Sie erreichen das gewünschte Ziel vielmehr, ohne sich dem gefährlichen Vorwurf der Gesetzesverletzung auszusetzen, einfach dadurch, daß sie es mit dem Beweis der Umstände, die nach dem Gesetz einem Börsengeschäft den Charakter des Spiels verleihen, genauer nehmen als die ordentlichen Gerichte.[2]) Wenn Schiedsgerichte, die aus Mit-

---

1) Vgl. Grünberg, Der österr. Kartellgesetzentwurf in Schmoller's Jahrb. 21 (1897) S. 1348; Steinbach, Rechtsgeschäfte der wirthschaftlichen Organisation S. 174; der Verfasser (Senatspräsident beim Obersten Gerichts- und Kassationshof) bezeugt, daß ihm ein Erkenntniß über die Anwendung der bezeichneten Vorschrift auf Kartelle noch nicht bekannt geworden ist.

2) Deshalb konnte A. v. Lindheim (Präsident des Schiedsrichter-Kollegiums der Wiener Börse, Waarensektion) in seinem Buch „Das Schiedsgericht im modernen Civilprozesse" (3. Aufl. Wien 1894) S. 109 mit einer gewissen

gliedern der Börse oder der ihr nahestehenden Kreise zusammengesetzt sind, nicht bloß über die Wirkungen giltiger Geschäfte, sondern auch über die Giltigkeit der Geschäfte maßgeblich zu entscheiden haben, so können alle gegen das Börsenspiel gerichteten Gesetzesvorschriften mit Hülfe einer strengen Beweiswürdigung illusorisch gemacht werden.[1])

So würde auch ein aus Kaufleuten zusammengesetztes Schieds-

Berechtigung die „landläufige Ansicht", daß das Börsenschiedsgericht vom Staat aus öffentlichen Rücksichten verbotene Geschäfte für giltig erkläre und sich damit als über den Gesetzen stehend betrachte, als unwahr bezeichnen. Als einmal ein Beklagter vor dem Schiedsgericht der Wiener Waaren-Börse den Einwand des Spiels erhob, hat das Schiedsgericht keineswegs die Unklagbarkeit von Spielgeschäften in Abrede gestellt, sondern es hat die Verurtheilung des Beklagten durch folgende Erwägung gerechtfertigt: „Es mag immerhin die Möglichkeit nicht ausgeschlossen sein, daß der Beklagte wirklich von Anbeginn an nicht die Absicht hatte, die Waare effektiv zu beziehen, allein daraus geht noch nicht hervor, daß auch der Kläger die Absicht hatte, die Waare nicht effektiv zu liefern. Was der Geklagte gedacht oder geplant hat, ist irrelevant; maßgebend ist nur, was er in seinem Geschäftsverkehr mit dem Kläger deutlich zum Ausdruck gebracht hat, und liegt gar kein Grund vor, zu vermuthen, daß der Kläger, eine anerkannt große Kaffee- und Zuckerfirma, nicht die Absicht gehabt habe" u. s. w. (Entscheidung vom 1. Oktober 1896 in Nathan Rechtnitz, Praxis der Wiener Schiedsgerichte, 1897, S. 92).

1) Der von dem Wiener Schiedsgericht eingeschlagene, in der vorigen Anmerkung bezeichnete Ausweg ist allerdings für deutsche Schiedsgerichte jetzt durch BGB. § 764 versperrt. Aber die hier erforderte Absicht, daß der Unterschied zwischen dem vereinbarten Preise und dem Börsen- oder Marktpreise der Lieferungszeit von dem verlierenden Theile an den gewinnenden gezahlt werden soll, wird einem Schiedsgericht von Börsenkaufleuten kaum je ausreichend bewiesen werden können. Ich halte auch jetzt daran fest, daß sicher beweisbare Merkmale für die Unterscheidung von „Differenzgeschäften" und „reellen Kaufverträgen" nicht angegeben werden können (vgl. neben zahlreichen Darlegungen Anderer meinen Aufsatz in Jahrb. f. Nationalök. u. Statistik 3. Folge 1. Bd.) und meine, daß man auch unter der Herrschaft des neuen Rechts auf dem von mir im Archiv. f. d. civil. Praxis 83 S. 153 f. angegebenen Wege besser zum Ziel gelangen würde. Nach dem neuen Recht ist zwar die Rücktrittsbefugniß beim Fixgeschäft vom Verzug unabhängig, für den Anspruch auf die Differenz bleibt dagegen der Verzug Voraussetzung (HGB. § 376, vgl. BGB. §§ 361, 326, 285). Da indessen der von mir bezeichnete Weg keine Aussicht auf Beachtung in der Praxis zu haben scheint, wird im Folgenden nur auf das herrschende Dogma vom „Differenzgeschäft" Rücksicht genommen.

gericht schwerlich in einem Streit zwischen einem Handlungsgehülfen und seinem Prinzipal den Vorschriften in HGB. §§ 62, 71, 74 offen den Gehorsam verweigern; aber es würde sich vermuthlich schwerer als ein ordentliches Gericht dazu entschließen, die in jenen Vorschriften bezeichneten Voraussetzungen als zu Gunsten des Handlungsgehülfen eingetreten anzuerkennen. Ein aus Mitgliedern eines Hausbesitzervereins gebildetes Schiedsgericht würde sich voraussichtlich hüten, bei der Entscheidung eines Streites zwischen Miether und Vermiether den § 544 des BGB. für unbeachtlich zu erklären; aber es würde nicht leicht den Beweis für geführt erachten, daß die Benutzung der Wohnung mit einer erheblichen Gefährdung der Gesundheit verbunden ist.

Es unterliegt danach keinem Zweifel, daß die Schiedsgerichte gerade auf den Gebieten, auf denen sie eine für die Volkswirthschaft und das soziale Leben bedeutsame Rolle zu spielen angefangen haben, vielfach Veranlassung finden, zwingende Rechtsvorschriften zu verletzen oder illusorisch zu machen.

Unter diesen Umständen mag es verwunderlich erscheinen, daß die ordentlichen Gerichte nicht häufig vor die Frage gestellt werden, ob Schiedssprüche, die zwingende Rechtsvorschriften verletzen oder illusorisch machen, giltig sind. Denn die Verurtheilung eines Kartellmitglieds durch das Kartellschiedsgericht kann ja nur mit Hülfe eines ordentlichen Gerichts vollstreckbar werden. Ebenso kann die schiedsgerichtliche Verurtheilung zur Zahlung der Differenz nur mittels eines von dem ordentlichen Gericht erlassenen Vollstreckungsurtheils zur Zwangsvollstreckung führen.[1]) Man könnte meinen,

---

1) Dem „denkfaulen" Gebrauch österreichischer Gerichte, die Exekution von Börsenschiedssprüchen auf einfaches „diensthöfliches Ersuchen" der Schiedsgerichts-Obmänner ins Werk zu setzen, „ohne sich darum zu kümmern, ob der Exequendus der Börse angehöre oder ob er sich durch Kompromiß dem Börsenschiedsgericht unterworfen habe, ob er geklagt oder verurtheilt wurde und ob ihm ein Urtheil überhaupt mitgetheilt wurde" (Geller, Ueber die passive Kompromißfähigkeit der Börsenschiedsgerichte, ein Kapitel über rechtsirrthümliche und rechtsunwirksame Gesetze, im Oesterr. Centralblatt f. d. jurist. Praxis XV, 1898) tritt nunmehr die Vorschrift in Art. 13 des (österr.) Einf.Ges. zur CPO. entgegen: ferner ver-

daß die Staatsgerichte bei den durch die Klage auf Erlaß des Vollstreckungsurtheils veranlaßten Verhandlungen häufig zu der Frage hätten Stellung nehmen müssen, ob die Zwangsvollstreckung aus Schiedssprüchen zuzulassen ist, die zwingende Rechtsvorschriften bei Seite schieben.

Allein man muß bedenken, daß manche Vereinigungen ihren Mitgliedern sehr gewichtige Vortheile zu bieten vermögen, und daß ein Mitglied, das einem Vereinsbeschluß oder der Entscheidung des Vereinsschiedsgerichts den Gehorsam verweigern wollte, die Ausschließung aus der Gemeinschaft oder doch wenigstens von gewissen durch sie gebotenen Vortheilen [1]) befürchten müßte. Die Unternehmerverbände und Kartelle pflegen außerdem für die Vollstreckung der Strafen in der Weise Vorsorge zu treffen, daß sie sich von den Mitgliedern durch Hinterlegung von Wechseln oder anderen Werthpapieren Sicherheit leisten lassen. [2]) Der Gedanke, die auf Grund eines Vereinsbeschlusses oder eines Schiedsspruches eingezogene Kaution vor dem ordentlichen Richter zurückzuverlangen, weil das

lieren die Börsenschiedsgerichte die ihnen durch staatlich genehmigte Statuten eingeräumte Befugniß, die Exekution ihrer Schiedssprüche zu bewilligen.

1) Vgl. z. B. Zahn in Schriften d. Vereins für Sozialpolitik 65 S. 445: die Entscheidungen über Tarifstreitigkeiten innerhalb der Buchdrucker-Tarifgemeinschaft seien auf dem Rechtsweg nicht exequirbar, aber es bestehe ein ausreichender „moralischer Druck". „Einen weiteren Ersatz für die fehlende Exequirbarkeit hat sich das Schiedsgericht in der Errichtung eines Arbeitsnachweises zu schaffen gesucht. Dieser Arbeitsnachweis darf nämlich . . benutzt werden . . nur von solchen Prinzipalen und Gehülfen, welche sich den Entscheidungen des Schiedsgerichts unterwerfen." Eine rechtsgeschichtliche Parallele bietet z. B. die Odenseer Skra bei Pappenheim, Altdänische Schutzgilden S. 337.

2) Vgl. z. B. die oben S. 56 Anm. 2 angeführte Mittheilung und das Uebereinkommen der Brünner Tüchelfabrikanten in Schriften des Vereins für Sozialpolitik 61 S. 437 ff.: „Sollte die Zahlung des mittelst Urtheils des Schiedsgerichts ausgesprochenen Schadensersatzbetrages sammt Kosten binnen 14 Tagen nicht erfolgen, so sind Kläger berechtigt, entweder das schiedsgerichtliche Urtheil zur gerichtlichen Exekution zu bringen oder aber die Bezahlung des zugesprochenen Betrages aus der Kaution zu verlangen." Der Advokat Dr. L. Frankl, der zugleich als Vollzugsorgan der Vereinigung und als Schiedsrichter bestellt wird, „wird sohin unwiderruflich berechtigt sein", den Betrag aus der Kaution zu entnehmen.

Strafversprechen nichtig war, liegt den Betroffenen fern. Aber auch wenn sie daran dächten, würden sie davon in der Erwägung Abstand nehmen, daß gegenüber solchem Vorgehen der Verein sich schwerlich mit der Ausstoßung begnügen würde. Wie schwer Vereinigungen verschiedener Art renitente Mitglieder durch wirthschaftlichen Boykott und soziale Aechtung zu schädigen vermögen, läßt sich schon jetzt aus zahlreichen Beobachtungen entnehmen.[1]) Wenn ein Börsenexterner die Differenz, zu deren Zahlung er durch das Börsenschiedsgericht verurtheilt ist, nicht „freiwillig" bezahlt, sondern an der Behauptung, daß ein Differenzgeschäft vorliege, festhält, so droht ihm, abgesehen von der Vollstreckung des Schiedsspruchs, kein anderes Uebel, als daß er für weitere Geschäfte schwerlich einen Kommissionär finden wird. Der Börsenangehörige aber würde in gleichem Falle sich nach einem neuen Beruf umsehen müssen; denn die Bestimmung des Börsengesetzes, daß vom Börsenbesuch ausgeschlossen ist, wer sich im Zustande der Zahlungsunfähigkeit befindet, wird z. B. in der Berliner Börsenordnung durch die Vorschrift ergänzt: der Zustand der Zahlungsunfähigkeit gilt bei einem Börsenbesucher bereits dann als eingetreten, wenn er . . . eine liquide und fällige Schuldverbindlichkeit unberücksichtigt gelassen hat.[2])

Der Grund dafür, daß die ordentlichen Gerichte selten mit Schiedssprüchen wider zwingendes Recht zu thun haben, liegt also darin, daß solche Schiedssprüche gegenwärtig vorzugsweise von Vereinsschiedsgerichten ausgehen. Richten sich diese Schiedssprüche gegen Mitglieder der Vereinigung, so reicht regelmäßig die Macht der Vereinigung aus, ihre Durchführung zu sichern. Wenn ausnahmsweise die Macht der Vereinigung dazu nicht genügt, so wird von der Klage auf Erlaß des Vollstreckungsurtheils regelmäßig doch deshalb Abstand genommen werden, weil durch einen solchen Beweis der Ohnmacht der Verein seine Existenz gefährden würde. Andererseits wird eine mächtige Vereinigung zuweilen auch zur Ver-

---

1) Vgl. Rothnagel, Exekution durch soziale Interessengruppen (1899).
2) Rothnagel a. a. O. S. 119.

wirklichung eines Schiedsspruchs gegenüber einer außerhalb der Vereinigung stehenden Person der Hülfe ordentlicher Gerichte nicht bedürfen. Der Konsument, der von dem Schiedsgericht eines kraftvollen Kartells gegenüber einem Kartellmitglied verurtheilt ist, wird sich selbst einem gegen zwingende Rechtsgrundsätze verstoßenden Schiedsspruch fügen müssen, wenn er die kartellirten Stoffe oder Erzeugnisse nicht entbehren kann. [1])

Die Frage, ob Schiedssprüche wider zwingendes Recht wirksam sind, ist also in der Hauptsache ohne Interesse für den praktischen Juristen. Thatsächlich sind solche Schiedssprüche wirksam; ob sie auch rechtlich wirksam sind, braucht er nicht zu beantworten, wenn er nicht danach gefragt wird.

Ein geringes Maß von praktischem Interesse wird freilich auch der praktische Jurist unserer Frage doch nicht absprechen können. Wie schon oben bemerkt, reicht die Macht der Börse nicht aus, die Zahlung der durch Urtheil des Schiedsgerichts zuerkannten Differenz von einem outsider zu bewirken, der bereits entschlossen ist, sich vom Börsenspiel zurückzuziehen. Es kommt sogar vor, daß eine mit schweren Differenzschulden belastete Börsenfirma in dem Verlust der Börsenkarte das kleinere Uebel sieht. In solchen Fällen sind öfter Klagen auf Erlaß des Vollstreckungsurtheils bei ordentlichen Gerichten erhoben und diese zur Beantwortung der Frage genöthigt worden, ob Schiedssprüche, die gegen die zwingenden Vorschriften über die Unverbindlichkeit von Differenzgeschäften verstoßen, zur Zwangsvollstreckung zuzulassen sind.

Abgesehen hiervon wird man unserer Frage wenigstens ein theoretisches Interesse zugestehen müssen. Kann einem Geschäft, das nach zwingenden Gesetzesvorschriften nichtig oder unverbindlich ist, dadurch Wirksamkeit verschafft werden, daß die Kompromißklausel hinzugefügt wird, so darf dies bei der Begriffsbestimmung des zwingenden Rechts nicht, wie bisher geschehen ist, unbeachtet gelassen werden.

---

1) Vgl. auch über die „schwarzen Listen“ in Hausbesitzervereinen Rothnagel a. a. O. S. 109.

Im Folgenden soll unter II erörtert werden, ob die in Deutschland seit dem 1. Januar 1900 geltenden Gesetze die staatlichen Gerichte *anweisen*, Schiedssprüchen wider zwingendes Recht die Anerkennung zu versagen. Unter III soll besprochen werden, ob die Gesetze den Staatsgerichten wenigstens *gestatten*, die Anerkennung und Vollstreckung solcher Schiedssprüche abzulehnen.

II.

1. Im Gegensatz zu Bestimmungen des bisherigen Rechts[1]) verzichtet die CPO. absichtlich auf die Forderung, daß die Schiedsrichter, sofern der Schiedsvertrag nichts Anderes bestimmt, nach dem bürgerlichen Recht zu entscheiden haben. „Die Parteien, indem sie auf die Entscheidung eines Schiedsgerichts kompromittiren, wollen den Schwierigkeiten und Verwickelungen entgehen, welche sich aus der Anwendung des positiven Rechts ergeben: sie wollen, daß unter ihnen Rechtens sei, was die Schiedsrichter nach ihrer gewissenhaften Ueberzeugung — ex aequo et bono — bestimmen werden. Sie werden daher regelmäßig die Schiedsrichter als die gütlichen Vermittler ihres Streites — comme amiables compositeurs wie der belgische Entwurf sich ausdrückt — betrachten und sie müssen diese Anschauung haben, wenn sie mit dem Schiedsrichteramt Personen betrauen, welche der Rechte nicht kundig sind. Der Zweck des Schiedsvertrages wird somit regelmäßig nur erreicht, wenn die Schiedsrichter nicht verpflichtet werden, sich bei ihrem Spruche nach den Bestimmungen des bürgerlichen Rechts zu richten.“[2]) Eine Ausnahme zu Gunsten aller oder gewisser Vorschriften zwingenden Rechts wird weder in den Motiven noch im Gesetz angedeutet.

Ob dennoch aus dem „Begriff“ des zwingenden Rechts abgeleitet werden darf, daß zwingende Rechtsvorschriften, insbesondere Verbotsgesetze, auch für Schiedsrichter maßgebend sind,[3]) ist prak-

---

1) Insbes. Code de proc. 1019, preuß. AGO. I, 2 § 171; vgl. für das gemeine Recht Glück VI S. 99, Sintenis II § 107 Anm. 133.

2) Begr. zu § 801 des Entw. von 1874. Vgl. jedoch StrGB. § 336.

3) Es ist eigenthümlich, daß diese Meinung gerade von dem Vorsitzenden eines Börsenschiedsgerichts vertreten ist. A. v. Lindheim sagt in seinem oben

tisch bedeutungslos, wenn höchstens eine lex imperfecta herausgestellt werden kann. Es fragt sich, ob der Staat dafür gesorgt hat, daß die gegen seine zwingenden Vorschriften verstoßenden Schiedssprüche nicht zur Wirksamkeit gelangen.

In dieser Hinsicht kommt nur in Betracht, daß zur Vollstreckung eines Schiedsspruchs ein Vollstreckungsurtheil erforderlich ist und daß auf Aufhebung eines Schiedsspruchs geklagt werden kann.[1])

2. Einem gegen zwingende Rechtsvorschriften verstoßenden Schiedsspruch kann nach CPO. § 1041 Ziff. 2 und § 1042 Abs. 2 die Vollstreckung versagt und seine Aufhebung kann erwirkt werden, wenn er eine Partei zu einer Handlung verurtheilt, deren Vornahme verboten ist. Die praktische Bedeutung dieser Vorschrift ist, wenn man sich an den Wortlaut hält, nicht erheblich.[2]) Ob man auf dem Boden des Gesetzes bleibt, wenn man den verbotenen auch die rechtlich oder physisch unmöglichen oder auch die gegen die guten

---

S. 57 Anm. 2 angeführten Buch S. 38: „Ja es scheint sogar recht fraglich, ob es überhaupt angezeigt ist, die Zulässigkeit von solchen Schiedsgerichten, welche von allen materiellrechtlichen Schranken frei gemacht werden, zu statuiren. Denn es ist nicht zu übersehen, daß der Staat hierdurch seinen Unterthanen ein Mittel in die Hand gibt, wodurch sie alle seine aus öffentlichrechtlichen Rücksichten getroffenen zwingenden Bestimmungen, die sonst durch Parteienabmachungen nicht abgeändert werden dürfen, illusorisch machen können, denn sie brauchen nur bei Eingehung des Geschäfts zu vereinbaren, daß die Entscheidung der sich etwa ergebenden Streitigkeiten vor das Forum von Schiedsrichtern zu bringen sei, welche von der Beobachtung aller gesetzlichen Normen entbunden sind. Der Staat geriethe somit mit sich selbst in Widerspruch, wenn er einerseits Bestimmungen träfe über Nichtigkeit gewisser Vereinbarungen aus öffentlichen Rücksichten und dennoch Schiedssprüche sanktioniren wollte, die nur dazu bestimmt wären, jene Bestimmungen zu umgehen."

1) Ob der Schiedsspruch erst durch die Hinterlegung bei Gericht giltig wird, wie u. A. das Reichsgericht in dem Urtheil I 382/87 vom 11. Februar 1888 (Bolze V, 1407) annimmt, ist ohne erhebliche praktische Bedeutung.

2) Sie könnte z. B. zur Anwendung kommen, wenn eine Aktiengesellschaft zur Erfüllung eines Kaufvertrags über eigene Aktien verurtheilt wäre; vgl. den Fall bei Bolze XIV, 637.

Sitten verstoßenden Handlungen zurechnet,[1]) ist mindestens zweifelhaft. Von großer Wichtigkeit wäre es, wenn unter den Handlungen, deren Vornahme verboten ist, auch die Handlungen verstanden werden dürften, deren Vornahme zu erzwingen verboten ist.[2]) Allerdings wollten die Verfasser des Entwurfs der CPO. bei der fraglichen Vorschrift die entsprechende Bestimmung über die Unzulässigkeit des Vollstreckungsurtheils zu Gunsten des Urtheils eines ausländischen Gerichts zur Richtschnur nehmen,[3]) und als jene Bestimmung durch die Justizkommission des Reichstags dahin umgewandelt wurde, daß das Vollstreckungsurtheil zu Gunsten des ausländischen Urtheils nicht zu erlassen ist, wenn durch die Vollstreckung eine Handlung erzwungen werden würde, die nach dem deutschen Recht nicht erzwungen werden darf,[4]) ist allem Anschein nach vergessen worden, eine gleiche Veränderung in der Vorschrift über die Schiedssprüche folgen zu lassen. Wenn man glaubte, dies nachholen zu sollen, so stehen dem nicht allein die allgemeinen Bedenken hinsichtlich der Maßgeblichkeit des im Gesetz nicht ausgesprochenen gesetzgeberischen Willens,[5]) sondern auch besondere Schwierigkeiten entgegen; „der Gesetzgeber" hat eben niemals in der Vorschrift über die Schiedssprüche von Handlungen, die nicht erzwungen werden dürfen, sprechen wollen, sondern er würde dies nur wahrscheinlich gewollt haben, wenn er umsichtiger gewesen wäre. Nunmehr kommt hinzu, daß in der neuen CPO. die bisher in § 661 Abs. 2 Ziff. 2 enthaltene Bestimmung fortgefallen ist; statt dessen ist vorgeschrieben, daß ein ausländisches Urtheil nicht anerkannt werden darf und das Vollstreckungsurtheil ihm zu versagen ist, wenn die Anerkennung des Urtheils gegen die guten Sitten oder gegen den Zweck eines deutschen Gesetzes ver-

1) Vgl. Dernburg, Preuß. Privatr. I, § 144, Zitelmann, Rechtsgeschäfte S. 65.

2) So die Kommentare von Struckmann-Koch und Gaupp-Stein, sowie Kohler in Beiträgen z. Erläut. d. R. 31 S. 502 und in Gesamm. Abh. z. Civilprozeß S. 202 f. Dagegen z. B. Wilmowski-Levy.

3) Begr. zu §§ 807, 808 des Entw. S. 479.

4) CPO. von 1877 § 661² Ziff. 2.

5) Wach, Hdb. I S. 254 f.

stoßen würde. Der § 1041 verordnet dagegen ebenso wie der bisherige § 867, daß die Aufhebung des Schiedsspruchs beantragt werden kann, wenn der Schiedsspruch eine Partei zu einer Handlung verurtheilt, deren Vornahme verboten ist. Es geht nicht an, aus einer beseitigten Vorschrift der früheren CPO. etwas in den § 1041 der neuen CPO. hineinzutragen. Es ist aber auch für diejenigen, welche sich mit dem Willen des Gesetzgebers helfen möchten, nicht möglich, den § 1041 mit Hülfe der neuen Bestimmungen in § 723 Abs. 2 und § 328 Ziff. 4 auszulegen. Denn der Gesetzgeber wollte offenbar die Vorschriften über die Wirksamkeit ausländischer Urtheile verbessern, dagegen bezüglich der Wirksamkeit der Schiedssprüche die bisherigen gesetzlichen Bestimmungen unverändert lassen, sei es weil sie sich bewährt zu haben scheinen,[1]) sei es weil die Regelung des schiedsrichterlichen Verfahrens zu wenig praktisches Interesse bietet. Es ergiebt sich danach, daß die Unwirksamkeit von Schiedssprüchen auf Vornahme von Handlungen, die nicht erzwungen werden dürfen, nicht aus dem Willen des Gesetzgebers, geschweige denn aus dem Willen des Gesetzes abgeleitet werden kann. Kohler scheint damit einverstanden zu sein. Denn wenn er auch[2]) behauptet: ein Verbot im Sinne des § 867[2] (jetzt 1041[2]) ist nicht bloß ein Verbot, die Handlung vorzunehmen, sondern auch ein Verbot, die Handlung erzwungen vorzunehmen, also ein Verbot, die Handlung zu erzwingen, so führt er zur Begründung doch nur Zweckmäßigkeitserwägungen an. Damit ist zugestanden, daß eine Verpflichtung des Richters, einer schiedsrichterlichen Verurtheilung zur Vornahme unerzwingbarer Handlungen die Anerkennung zu verweigern, nicht besteht. Denn auf Zweckmäßigkeitsrücksichten begründete Leitsätze können zwar der Praxis

---

1) Der Präsident des Schiedsgerichts der Wiener Waaren-Börse A. v. Lindheim sagt a. a. O. S. 23: „Ohne auf Widerspruch zu stoßen darf man wohl behaupten, daß wenn auch andere Materien der deutschen Reichscivilprozeßordnung zu Kontroversen Veranlassung gegeben haben, die durch erstere bewirkte Regelung des schiedsrichterlichen Verfahrens sowohl in Juristen- als in Laienkreisen Zustimmung gefunden und wenigstens bisher eine Anfechtung nicht erfahren haben.“ Vgl. aber Dernburg, Pand. § 166 Anm. 1.

2) Ges. Abhandlungen S. 202 Anm. 147.

zur Beachtung empfohlen werden, nachdem festgestellt ist, daß das Gesetz der Anstellung von Zweckmäßigkeitserwägungen nicht entgegensteht, aber verbindliche Kraft hat doch — abgesehen von der hier nicht in Betracht kommenden Frage des Gewohnheitsrechts — nur, was aus dem Gesetz entnommen werden kann. Die „formalistische" [1]) Behandlung soll zwar in vielen Fällen nicht den Abschluß der juristischen Arbeit, aber sie muß immer ihren Anfang bilden.

3. Nach §§ 1041 Ziff. 1 und 1043 [2] kann die Aufhebung des Schiedsspruchs beantragt werden und ist das Vollstreckungsurtheil nicht zu erlassen, wenn das schiedsgerichtliche Verfahren unzulässig war.

Daß das schiedsgerichtliche Verfahren unzulässig ist, wenn der Schiedsvertrag nicht rechtlich wirksam ist, ergiebt sich schon daraus hinreichend deutlich, daß die CPO. an der Spitze der Vorschriften über das schiedsgerichtliche Verfahren bestimmt, wann ein Schiedsvertrag rechtliche Wirkung hat. Außerdem spricht CPO. § 1037 von dem Fall, daß die Unzulässigkeit des schiedsgerichtlichen Verfahrens behauptet, insbesondere geltend gemacht wird, daß ein rechtsgiltiger Schiedsvertrag nicht bestehe. [2])

Ein Schiedsvertrag hat nach CPO. § 1025 insoweit rechtliche Wirkung, als die Parteien berechtigt sind, über den Gegenstand des Streits einen Vergleich zu schließen.

Nach der herrschenden Auffassung bedeutet diese Vorschrift einerseits, daß gesetzliche Vertreter und andere vom Gesetz zur Verwaltung fremder Vermögensangelegenheiten berufene Personen, wie der Testamentsvollstrecker und Konkursverwalter, Schiedsverträge unter denselben Voraussetzungen abschließen können, unter denen sie zum Abschluß von Vergleichen ermächtigt sind, und andererseits, daß zum Abschluß eines Schiedsvertrags in eigener oder fremder Sache die Vergleichsfähigkeit des Streitgegenstands er-

1) Kohler a. a. O. Anm. 148.
2) Vgl. Begr. des Entw. von 1874 zu §§ 807, 808 S. 479.

forderlich ist.[1]) Inwieweit die erstgenannte Bedeutung aufrecht zu erhalten ist, nachdem es außer Gebrauch gekommen ist, einen Vertreter als Partei zu betrachten, ist hier gleichgiltig.[2]) Gegen die an zweiter Stelle genannte Bedeutung könnte Einwendungen erheben, wer dem Willen des Gesetzgebers Gewicht beilegt. Denn die Autoritäten, auf welche sich die Begründung zum Entwurf der CPO. unmittelbar oder mittelbar beruft, stellten den vom Gesetz wiedergegebenen Grundsatz ausschließlich oder wenigstens vorzugsweise um der erstgenannten Bedeutung willen auf.[3]) Wer dem Willen des Gesetzgebers keine verbindliche Kraft beilegt, hat zu Zweifeln keine Veranlassung und darf als gesichert betrachten, daß der Gegenstand des Streits, zu dessen Entscheidung Schiedsgerichte berufen werden, transigibel sein muß.

Weniger unbedenklich ist es, ob man auf dem Boden des Gesetzes verbleibt, wenn man hinzufügt, daß partielle Vergleichsmöglichkeit nicht entsprechende Zulässigkeit des Schiedsvertrags bedingt, und daß wenn jene nur in gewissen Richtungen gegeben ist, daraus die Unzulässigkeit eines Schiedsvertrags folge, welcher zu einer der Vergleichsstiftung entzogenen Regelung des Rechtsverhältnisses führen könnte.[4]) So oft diese Behauptung wiederkehrt, ist doch niemals der Versuch gemacht worden, sie aus dem Gesetz heraus zu beweisen. Der Versuch würde auch aussichtslos sein gegenüber dem Wortlaut des Gesetzes, welches eben nichts weiter verlangt, als daß über den Gegenstand des Streits ein Vergleich geschlossen werden kann, keineswegs aber erfordert, daß Vergleiche in jeder Richtung statthaft sind.[5]) Die Vorschrift in der Preuß.

---

1) So insbes. Wilmowski-Levy, Gaupp-Stein.

2) Wach, Hdb. I § 7 erwähnt die „subjektive" Bedeutung nicht.

3) So bezeichnet die Begr. zum preuß. Entw. von 1864 § 330 als den Vorzug einer entsprechenden Bestimmung vor der Vorschrift der AGO., welche die Befugniß der Parteien zur Errichtung eines Schiedsvertrags von ihrer „freien und uneingeschränkten Disposition über den streitigen Gegenstand" abhängig machte, daß damit Vormündern und Gesellschaftsvorstehern der Abschluß von Schiedsverträgen ermöglicht werde.

4) So Wach, Hdb. I S. 68.

5) Es ist mindestens ungenau, wenn bei Gaupp-Stein zu § 851 der

Allgemeinen Gerichtsordnung, die zum Schiedsvertrag die freie und unbeschränkte Disposition über den streitigen Gegenstand für nöthig erklärt, durfte sicherlich zum Vergleich,[1]) keinesfalls aber zum Beweis[2]) für den Inhalt einer völlig anders lautenden Vorschrift der CPO. herangezogen werden. Im Uebrigen pflegen die Schriftsteller, die ihre eigene Autorität zur Begründung eines Rechtssatzes nicht bereits für ausreichend halten, sich auf Zweckmäßigkeitserwägungen zu berufen. Insbesondere wird darauf hingewiesen, daß wenn man nicht anerkennen wolle, daß eine partielle Vergleichsmöglichkeit zur Zulassung des Kompromisses nicht genügt, man zu der Folgerung genöthigt werde, daß Kompromisse in Ehescheidungsfragen zulässig seien, wenn Vergleiche in favorem matrimonii gestattet sind. Es soll hier keineswegs bestritten werden, daß solche Zweckmäßigkeitserwägungen beachtlich sind, wenn auch bestritten werden muß, daß auf Zweckmäßigkeitsrücksichten basirte Sätze dieselbe verbindliche Kraft beanspruchen dürfen, wie die aus dem Gesetz entnommenen Normen. Für die vorliegende Untersuchung ist es aber von Werth, festzustellen: die herrschende Auffassung erkennt den Satz, daß die partielle Vergleichsmöglichkeit zur Zulassung des Kompromisses nicht genügt, an, obwohl dieser Satz in dem Gesetz keinen Anhalt findet, sondern nur auf Zweckmäßigkeitsrücksichten gestützt werden kann. Damit wird zugestanden, daß bei der Beurtheilung der Frage, welche Streitigkeiten schiedsgerichtlicher Entscheidung unterworfen werden können, Zweckmäßigkeitsrücksichten mitsprechen dürfen. Wer alle Streitigkeiten, die

---

(bisch.) CPO. bemerkt wird: „der Gegenstand des Streites muß ein solcher sein, daß die Parteien nach dem geltenden materiellen Recht über denselben durch Vergleich zu disponiren befugt sind; es genügt also nicht, wenn der Vergleich den Parteien nur nach einer einzelnen Richtung hin, z. B. zur Aufrechterhaltung der Ehe, gestattet ist."

1) So Dernburg, Preuß. Privatr. § 143 Anm. 3; diese Anmerkung scheint die Grundlage für alle folgenden Erörterungen zu bilden.

2) So Förster, der die Vorschrift der CPO. kommentirt: Ferner ist Voraussetzung, daß den Parteien über den streitigen Gegenstand „die ganze freie und uneingeschränkte Disposition" (§ 167 I, 2 AGO.) zusteht, d. h. daß sie über den Gegenstand in seiner Totalität, nicht bloß in bestimmter Richtung freies Verfügungsrecht haben.

nicht vom Gesetz ausgeschlossen sind, für dem Kompromiß zugänglich erklären wollte, müßte anerkennen, daß auch die partielle Vergleichsmöglichkeit die Zulässigkeit des Kompromisses begründet.

4. Vergleich heißt nach BGB. § 779 der Vertrag, durch den der Streit oder die Ungewißheit der Parteien über ein Rechtsverhältniß (der die Unsicherheit der Verwirklichung eines Anspruchs gleichgestellt wird) im Wege beiderseitigen Nachgebens beseitigt wird.

Daß diese Begriffsbestimmung für die Auslegung des § 1025 CPO., der dem Schiedsvertrage insoweit rechtliche Wirkung beilegt, als die Parteien berechtigt sind, über den Gegenstand des Streits einen Vergleich zu schließen, maßgebend ist, unterliegt keinem Zweifel.[1]) Die Kontroversen darüber, welche Bedeutung der Vergleichsbegriff des bürgerlichen Rechts für die Auslegung der Vorschriften der CPO. über den Prozeßvergleich hat,[2]) sind hier ohne Interesse.

Es fragt sich nun, ob nach BGB. § 779 Vergleiche über Verhältnisse, insbesondere Ansprüche ausgeschlossen sind, denen zwingende Rechtsvorschriften die Anerkennung versagen oder deren Bestand umgekehrt durch zwingende Vorschriften der Disposition des Betheiligten entzogen ist.[3])

Diese Frage soll indessen hier nicht in ihrem ganzen Umfang besprochen werden. Es soll vielmehr hier nur erörtert werden, ob Schuldverhältnisse und Ansprüche, die aus nichtigen Schuldverträgen abgeleitet werden, den Gegenstand eines Vergleichs bilden können. Den nichtigen Schuldverträgen werden die Spiel- und Differenzgeschäfte[4]) sowie die im BGB. § 656 bezeichneten Ver-

1) Vgl. Begr. z. Entw. der CPO. von 1874 zu § 792: Streitigkeiten, über welche nach dem in den einzelnen Rechtsgebieten geltenden materiellen Rechte ein Vergleich geschlossen werden darf, können Gegenstand eines Schiedsvertrages sein.

2) Vgl. Kretschmar, Der Vergleich im Prozesse (1896) S. 73 f.; Paul, Der Vergleich im Civilprozeß (1898).

3) Vgl. z. B. BGB. § 619.

4) BGB. §§ 762, 764.

sprechen, also die Verträge anzuschließen sein, von denen das Gesetz sagt, daß sie eine Verbindlichkeit nicht begründen.

Der § 779 verlangt zum Vergleich, daß durch ihn der Streit oder die Ungewißheit über ein Rechtsverhältniß beseitigt wird. Ließe sich erweisen, was neuerdings Bülow in einer gelegentlichen Bemerkung [1]) für das gemeine Recht behauptet hat, daß eine subjektive und objektive Ungewißheit vorhanden sein müsse, so könnte damit die gestellte Frage als erledigt erscheinen. Es wäre indessen doch noch der Beweis aus dem Gesetz zu erbringen, daß eine objektive Ungewißheit dann ausgeschlossen ist, wenn später der Bestand oder Nichtbestand des Rechtsverhältnisses festgestellt wird, daß also die später durch Richterspruch erbrachte objektive Gewißheit auf die Zeit des Vergleichsabschlusses zurückwirkt. Es braucht nicht ausgeführt zu werden, welche praktischen Bedenken dem Erforderniß objektiver Ungewißheit in diesem Sinne entgegenständen. Jedenfalls sagt das Gesetz nicht, daß objektive Ungewißheit in diesem Sinne erforderlich ist. Sollte aber bei der Beurtheilung der Frage, ob objektive Ungewißheit besteht, lediglich auf die Zeit des Vergleichsabschlusses Rücksicht genommen werden, so ist — abgesehen von Verhältnissen, die bereits durch rechtskräftiges Urtheil positiv oder negativ festgestellt sind — noch nicht klargestellt, woher zu dieser Zeit über ein zwischen den Parteien streitiges oder subjektiv ungewisses Rechtsverhältniß objektive Gewißheit entnommen werden konnte. [2])

Die herrschende Auffassung, daß ein objektiv nicht begründeter Streit oder eine subjektive Ungewißheit genügt, kann sich darauf berufen, daß § 779 von dem Streit oder der Ungewißheit der Parteien spricht. Freilich ergiebt sich das Bedenken, ob bei dieser Auffassung der Streit oder die Ungewißheit beseitigt werden kann, wie es § 779 vom Vergleich verlangt. Kein Vertrag kann eine innere Ungewißheit oder den Gegensatz der Ueberzeugungen

---

1) Archiv f. civ. Praxis 83 S. 83 Anm. 90.

2) Vgl. Oertmann, Vergleich S. 53f., Bertolini, della transazione secondo il diritto Romano (1900) S. 65f.

hinsichtlich eines Rechtsverhältnisses beseitigen, wenn man das letztere Wort als gleichbedeutend mit „aufheben“ oder „beendigen“ auffaßt. Geben die Parteien in ihrer Abmachung ihrer Ueberzeugung Ausdruck, wie es sich um ein zwischen ihnen streitig oder ungewiß gewordenes Rechtsverhältniß verhält, so liegt kein Vergleich vor, weil der Streit und die Ungewißheit nicht erst durch die Abmachung beseitigt wird. Befinden sich die Parteien dagegen bis zur Abmachung in Streit oder Ungewißheit, so ist nicht abzusehen, wie eine Willensbestimmung darüber, was in Zukunft zwischen ihnen Rechtens sein soll, die Ungewißheit über ihr bisheriges Rechtsverhältniß oder die Möglichkeit, darüber widerstreitende Behauptungen aufzustellen, aufheben könnte. Unter der Ungewißheit in § 779 eine lediglich subjektive zu verstehen, dürfte nur möglich sein, wenn „beseitigen“ bedeutet: für das Recht und den Richter bei Seite legen, rechtlich unbeachtlich machen. Daß der Streit und die subjektive Ungewißheit rechtlich unbeachtlich wird, kann der Vergleich bewirken. Hier wird im Folgenden anzuknüpfen sein.

Einstweilen mag nur darauf hingewiesen werden, daß jedenfalls ein Streit oder eine Ungewißheit über ein Rechtsverhältniß nicht vorliegt, wenn die Parteien darüber einig sind, daß ein Verhältniß zwischen ihnen besteht, welches vom Recht nicht anerkannt wird. Deshalb liegt kein Vergleich vor, wenn der Streit über den Betrag der Schuld aus einem Vertrage, der von beiden Theilen als Spiel- oder Wettvertrag anerkannt wird,[1] im Wege beiderseitigen Nachgebens beseitigt wird, und ein mit Bezug auf eine solche Schuld abgeschlossener Schiedsvertrag ist unwirksam. Zweifelhafter ist es, ob ein Vergleich und mit ihm ein entsprechender Schiedsvertrag nach der Vorschrift des § 779 unwirksam ist, wenn im Gegentheil die Parteien voraussetzen, daß das zwischen ihnen streitige Verhältniß ein Rechtsverhältniß ist. § 779 spricht von einem nach dem Inhalt des Vertrags als feststehend zu Grunde gelegten „Sachverhalt“ und von Kenntniß der „Sachlage“.[2] Man

1) Vgl. Planck-André z. BGB. § 762, 1a.

2) Ein in der 2. Kommission angenommener Antrag sprach statt dessen

kann Bedenken tragen, diese Worte auf den hier in Frage stehenden Rechtsumstand zu beziehen.

5. Der § 779 verlangt zum Vergleiche, daß durch ihn der Streit oder die Ungewißheit über ein Rechtsverhältniß **beseitigt** wird, und zwar im Wege beiderseitigen Nachgebens.

Damit bestätigt sich für das geltende Recht, wenigstens hinsichtlich der Vergleiche über Forderungen und Ansprüche, was **Bekker**[1]) für das gemeine Recht aussprach:

„Das sog. ungewisse Recht oder Rechtsverhältniß wird

α) entweder in vollem behaupteten Umfange anerkannt, Anerkenner der dem Berechtigten Gegenüberstehende;

β) oder beschränkt anerkannt, Anerkennung seitens beider Theile, der Berechtigte anerkennt, daß es nicht über, der Gegenüberstehende daß es bis an die Schranke bestehe;

γ) oder als nicht vorhanden anerkannt, vom Berechtigten.

Eine dieser Möglichkeiten steckt in jedem Vergleiche.“ [2])

In der That giebt es kein anderes Mittel, einen Streit oder eine Ungewißheit über eine Forderung durch Vertrag zu beseitigen, d. h. rechtlich unbeachtlich zu machen, als den positiven oder negativen Anerkenntnißvertrag.[3]) Nur durch das Anerkenntniß wird der Richter der Pflicht entbunden und des Rechtes beraubt, über jedes Rechtsverhältniß auf Anrufen einer Partei Untersuchung anzustellen und Entscheidung zu treffen.

---

von einem als feststehend vorausgesetzten und nicht bestehenden „Umstand“. Prot. II S. 520.

1) System II S. 262 Anm. i.

2) Vgl. **Nisch**, Lehre vom Vergleich S. 43: „Oder was ist denn der Vergleich, soweit er das streitige Verhältniß für die Zukunft beseitigt, anderes, als entweder Verzicht oder Anerkennung?“; vgl. **Regelsberger**, Pand. I S. 624, neuestens **Zitelmann**, R. d. BGB., Allgem. Theil S. 149: „die Leistung der einen Partei muß nothwendig jedesmal eine positive oder negative Anerkennung sein (eine positive oder eine beschränkte).“

3) Ob er bei verbriefteu Forderungen genügt, soll hier nicht erörtert werden.

Nicht jedes positive oder negative Anerkenntniß genügt diesem Zwecke. Bildete der Bestand oder Nichtbestand der Forderung die causa des Anerkennungsvertrags, so kann, wenn die causa objektiv ermangelte, trotz des Anerkenntnisses vor dem Richter über die Forderung gestritten werden. Ebenso wenn die Anerkennung um einer causa futura willen erfolgte. Wenn z. B. der Gläubiger in Erwartung der Zahlung ein Empfangsbekenntniß abgegeben hat, kann nach BGB. § 812 die Wiederherstellung der Forderung beansprucht und dabei oder nachher über die Forderung gestritten werden. Das Anerkenntniß hat zwar die Beweislast verschoben, aber die Bestreitbarkeit der Forderung nicht aufgehoben.

Anders ist es — abgesehen von dem Anerkenntniß donationis causa — nur, wenn das Anerkenntniß eine gleichzeitig realisirte Leistung von der anderen Seite zur causa hat. Dann ist jede Möglichkeit, durch eine Kondiktion die Wiederaufnahme des Streites herbeizuführen, ausgeschlossen, weil der Mangel des objektiven Bestandes der causa nicht in Frage kommen kann.

Kann nur ein solches Anerkenntniß den Streit über die Forderung beseitigen, und muß nach der Begriffsbestimmung in § 779 durch den Vergleich über eine Forderung der Streit über die Forderung beseitigt werden, so muß der Vergleich ein positives oder negatives Anerkenntniß der Forderung in sich enthalten.

Gewiß hätte der Begriff des Vergleichs anders gefaßt werden können. Wäre folgender in der 2. Kommission gestellte Antrag:[1]) „durch den Vergleich wird zum Zwecke der Feststellung eines unter den Parteien streitigen oder ungewissen Rechtsverhältnisses oder zur Sicherung oder Beseitigung eines Anspruchs, dessen Verwirklichung unsicher ist, gegenseitiges Nachgeben vereinbart", angenommen und Gesetz geworden, so wäre das Anerkenntniß der Forderung nicht als Vergleichsbestandtheil sondern als ein (freilich meist in demselben Moment angewandtes) Erfüllungsmittel anzusehen. Nach dem BGB. ist dagegen der Vergleich ein dem Realkauf oder Realtausch verwandter Vertrag, bei dem mindestens die

---

1) Prot. II S. 520.

Leistung der einen Partei in einem Anerkenntniß über die streitige oder ungewisse Forderung bestehen muß.[1]) Dies gilt auch dann, wenn der angebliche Schuldner gegen ein von dem Forderungsprätendenten versprochenes Entgelt ein Schuldversprechen abgegeben hat, das sich wegen der Formvorschrift in § 781 nicht in ein Anerkenntniß umdeuten läßt; ein Vergleich liegt nur dann vor, wenn anzunehmen ist, daß der Forderungsprätendent zugleich „stillschweigend" über die bestrittene oder ungewisse Forderung ein negatives Anerkenntniß abgegeben hat.

§ 779 sagt nicht, daß durch den Vergleich der Streit oder die Ungewißheit der Parteien über ein Rechtsverhältniß für immer beseitigt werden müsse. Deshalb kann eine vergleichsweise Stundung nicht bloß in der Weise erfolgen, daß ein befristeter Anerkennungsvertrag abgeschlossen wird, sondern auch derart, daß der Forderungsprätendent über seine Forderung gegen Entgelt ein auf bestimmte oder bestimmbare Zeit beschränktes negatives Anerkenntniß abgiebt. Im letzteren Falle bleibt zwar die Möglichkeit, nach Ablauf der Frist über die Forderung einen rechtlich beachtlichen Streit zu führen, aber für die Dauer der Frist ist der Streit beseitigt. Auch zu diesem Zwecke aber dürfte ein Anerkenntniß über die Forderung erforderlich sein.[2])

Der Streit oder die Ungewißheit über eine Forderung kann dagegen nicht beseitigt werden durch eine beschränkte Anerkennung, d. h.[3]) ein (nicht bloß dem Ausdruck nach) auf einzelne forderungbegründende oder forderungaufhebende Thatsachen beschränktes Anerkenntniß. Selbst wenn der Anerkenntnißvertrag über Thatsachen vom Recht zugelassen sein sollte,[4]) kann jedenfalls durch ihn nur

---

1) Selbstverständlich kann der Anerkennende daneben Verpflichtungen übernehmen.

2) Eine auf BGB. § 202 gestützte Auffassung des Stundungsvertrags kann vielleicht eine Ausnahme von dem Grundsatz, daß zur Beseitigung des Streits ein Anerkenntnis erforderlich ist, nothwendig machen.

3) Vgl. Zitelmann, R. d. BGB. Allgem. Theil S. 145.

4) M. E. findet dieser Anerkenntnißvertrag (Geständnißvertrag J. W. Planck's) weder in der CPO. noch im BGB. eine Grundlage; das Prinzip der

verhindert werden, daß im Streit über die Forderung einzelne forderungbegründende oder forderungaufhebende Thatsachen bestritten werden.

Ist es aber richtig, daß jeder Vergleich über eine Forderung mindestens ein positives oder negatives Anerkenntnis über die Forderung enthalten muß,[1] so wären Vergleiche über Forderungen aus nichtigen oder unverbindlichen Verträgen ausgeschlossen, wenn solche Forderungen nicht positiv oder negativ anerkannt werden könnten.[2]

Nun kann allerdings ein positiver Anerkenntnißvertrag aus demselben Grunde nichtig sein wie der Vertrag, aus welchem die anerkannte Forderung abgeleitet wurde. Wenn die Verpflichtung zu einer unsittlichen oder unmöglichen Handlung anerkannt wird, so ist das Anerkenntniß ebenso nichtig wie der frühere Vertrag; nichtig ist auch das Anerkenntniß der Verpflichtung zur Uebertragung eines zukünftigen Vermögens; nichtig ist auch nicht bloß das schriftliche Anerkenntniß der durch mündlichen Kaufvertrag übernommenen Verpflichtung zur Ueberlassung eines Grundstücks, sondern auch das schriftliche Anerkenntniß einer durch mündliches Schenkungsversprechen übernommenen Verpflichtung.[3] Es kann ferner sein, daß das Anerkenntniß eines aus nichtigem Vertrage abgeleiteten Schuldverhältnisses gegen die guten Sitten verstößt und deshalb nichtig ist.

Vertragsfreiheit kommt ihm nicht zu gute, da dieses nur für obligirende Verträge anzuerkennen ist; seine Zulassung wäre schädlich.

1) Die Ausführungen von Erxleben, Condictiones sine causa II S. 314 ff. bleiben beachtenswerth, sind aber, da ihnen nicht der Vergleichsbegriff des BGB. zu Grunde liegt, im Ganzen für das geltende Recht nicht zutreffend.

2) So sagt eine Entscheidung des Reichsgerichts V 31/96 v. 1. Juli (Entsch. 37 S. 418) mit Bezug auf einen Vergleich über eine Spielschuld: „Mag der Vergleich die Ersetzung des früheren Rechtsverhältnisses durch ein anderes oder mag er die Beibehaltung des alten Rechtsverhältnisses unter gegewissen Abänderungen zum Inhalt haben, in beiden Fällen ist seine Rechtsbeständigkeit von dem Bestande des alten Rechtsverhältnisses abhängig, ohne daß (das?) weder eine Umschaffung (Novation) noch eine Beibehaltung (Anerkennung) rechtlich denkbar ist." Die Entscheidung IV 141/97 vom 14. Oktober (Gruchot Beitr. 42 S. 119) hat sich dem in einer landrechtlichen Sache angeschlossen. — Vgl. betreffs der Novation Bähr, Anerkennung [2] S. 48.

3) BGB. § 781 Satz 2.

Es giebt es aber weder im BGB. noch im gemeinen Recht eine allgemeine Vorschrift des Inhalts, daß ein Anerkenntniß nichtig ist, wenn der dem anerkannten Schuldverhältniß zu Grunde liegende Vertrag nichtig ist. Vielmehr muß nach wie vor daran festgehalten werden, daß nur eine Kondiktion des durch das Anerkenntniß begründeten Schuldverhältnisses erwächst, wenn der Bestand des anerkannten Schuldverhältnisses die causa des Anerkenntnisses bildete. Diese Kondiktion aber fällt bei dem vergleichsweisen Anerkenntniß fort, weil dessen causa nicht in der Existenz des anerkannten Schuldverhältnisses besteht.

Etwas Besonderes gilt für Anerkenntnisse der Verpflichtungen aus Spielverträgen [1]) und Heirathsmäklerverträgen [2]) sowie für schenkweis ertheilte Anerkennungserklärungen. [3]) Solche Anerkenntnisse sollen unverbindlich sein, [4]) die beiden erstgenannten aber doch nur, wenn sie zur Erfüllung der Spielschuld bezw. des Versprechens gegenüber dem Heirathsvermittler abgegeben sind. In Folge dessen kommen diese Sonderbestimmungen für das vergleichsweise Anerkenntniß nicht in Betracht. Nur wenn nachgewiesen werden könnte, daß trotz der Worte „zur Erfüllung" die angeführten Vorschriften auf alle Anerkenntnisse über Spielschulden ohne Rücksicht auf ihre causa zu beziehen sind, wäre auf diesem Wege das erstrebte Ziel gerade bezüglich derjenigen Schiedsverträge zu erreichen, welche den vorliegenden Erörterungen eine praktische Bedeutung für die Gegenwart geben.

Auch dann freilich müßte man den aus dem Gesetz nicht zu erweisenden Grundsatz zu Hülfe nehmen, daß schon eine partielle Vergleichsunmöglichkeit die Unzulässigkeit des Schiedsvertrags bedingt. Denn daß auch das negative Anerkenntniß über eine

---

1) BGB. § 762.

2) BGB. § 656.

3) BGB. § 518.

4) Die von Collatz (Jahrb. f. Dogmatik 40 S. 145) versuchte Ableugnung dieser — allerdings sonderbaren — Besonderheit ist mindestens durch die von ihm vorgetragenen Gründe nicht gerechtfertigt; vgl. insb. BGB. §§ 404, 405, 782, HGB. § 350.

aus nichtigem oder unverbindlichem Vertrage abgeleitete Forderung nichtig oder unverbindlich wäre, läßt sich gewiß nicht nachweisen. Möglich ist nur, daß ein Vertrag, in dem für den Verzicht auf eine solche Forderung ein Entgelt ausbedungen wird, als gegen die guten Sitten verstoßend erscheint.

6. Es ist mehrfach behauptet worden, daß wenn einem Vertrage die Bestimmung hinzugefügt sei, etwaige Streitigkeiten über diesen Vertrag solle ein Schiedsgericht entscheiden, diese Bestimmung einen integrirenden Bestandtheil des Geschäfts bilde. Deshalb sei die Schiedsgerichtsklausel nichtig, wenn der Vertrag im Uebrigen nichtig ist.

Kohler[1]) hat mit Recht gesagt, daß eine Begründung fehle. Auch die nunmehr geltenden Gesetze dürften nichts dafür ergeben, daß die Abrede über die Berufung eines Schiedsgerichts mit den Abreden über das Rechtsverhältniß, über das die Schiedsrichter zu entscheiden berufen werden, einen Vertrag bilde. Deshalb darf auch nicht aus BGB. § 139 eine Vermuthung dafür entnommen werden, daß die Schiedsgerichts-Vereinbarung nichtig sei, wenn die übrigen Abreden nichtig sind.

Mit der Frage, ob die Schiedsgerichtsabrede selbständig oder unselbständig ist, wird häufig in der Judikatur und Literatur[2]) die Frage zusammengeworfen: kann ein Schiedsgericht zur Entscheidung darüber berufen werden, ob aus einem Vertrage deshalb eine Verbindlichkeit nicht entstanden ist, weil derselbe nichtig oder unverbindlich ist? Es handelt sich aber hier um zwei von einander unabhängige Fragen. Es könnte ohne logischen Widerspruch[3]) vorgeschrieben werden, daß die Schiedsgerichtsabrede immer als ein selbständiger Vertrag behandelt werden soll, daß aber die Schieds-

---

1) Gesamm. Abhandl. z. Civilproz. S. 179 ff., auch Beiträge zur Erläut. d. d. Rechts 31 S. 481 f.

2) Vgl. Planck-André z. BGB. § 762, 1 b und die dort Nachgewiesenen.

3) Z. B. mit Rücksicht auf Konsequenzen der in Entscheid. d. Reichsgerichts 14 S. 259 angedeuteten Art.

gerichtsabrede unwirksam sein soll, wenn es die Verabredung über das Verhältniß ist, das dem Urtheil der Schiedsrichter unterworfen ist.

Wie unten darzulegen ist, ergeben die geltenden Gesetze zwar nicht den Beweis aber doch einen Anhalt dafür, daß das Kompromiß unwirksam ist, wenn das Recht dem Verhältniß, auf welches das Kompromiß sich bezieht, die Anerkennung versagt.

III.

In der Begründung zu der Vorschrift der Oesterreichischen Prozeß-Ordnung, daß ein Schiedsspruch wirkungslos ist, wenn er gegen zwingende Rechtsvorschriften verstößt, wurde gesagt [1]): „Da das zwingende Recht Bestimmungen enthält, von welchen durch die Parteien nicht abgewichen werden kann, so fordert es die juristische Konsequenz, daß solche Rechtssätze auch nicht durch einen mittels Parteiantrages zur Ordnung der Rechtsbeziehungen berufenen Schiedsrichter verletzt oder übergangen werden dürfen. Es würde sonst die Bestellung von Schiedsrichtern ein sich leicht darbietendes einfaches Mittel sein, um zu erzielen, was die Gesetzgebung eben dadurch auszuschließen versucht, daß sie gewissen Normen den Charakter zwingenden Rechtes beilegt."

Wenn die vorstehenden Erörterungen zutreffend sind, — niemand würde sich über den Beweis des Gegentheils im Interesse der Sache mehr freuen als der Verfasser —, so haben die deutschen Gesetze jene Konsequenz nicht gezogen [2]); es kann insbesondere nicht

---

1) Gemeinsamer Bericht der Permanenzkommission des Herrenhauses und des Permanenzausschusses der Abgeordnetenkammer S. 16.

2) Es wäre übrigens schwerlich wünschenswerth, daß die deutsche Gesetzgebung die Konsequenz in der Art der österreichischen Prozeßordnung zöge. Die Gefahr liegt nahe, daß unter einem gegen zwingende Rechtsvorschriften verstoßenden Schiedsspruch nur eine sententia expressim contra iuris rigorem data (Dig. 49, 1, 19) verstanden oder doch verlangt wird, daß der Verstoß aus dem Schiedsspruch selbst hervorgehe. Schiedssprüche, deren Tenor einen Verstoß gegen zwingendes Recht ergiebt, dürften selten sein und wiederum zumeist bereits der gegen schiedsgerichtliche Verurtheilung zu verbotenen Handlungen gerichteten Vorschrift unterliegen. Häufiger, wenn auch keineswegs immer, könnten solche Verstöße aus den Gründen ersichtlich werden; aber diese Möglichkeit wird erheblich vermindert, wenn die Schiedsrichter durch die Parteien von der Beifügung einer Begründung entbunden werden können (CPO. § 1041 [2]).

aus den Gesetzen nachgewiesen werden, daß einem Schiedsvertrag oder Schiedsspruch über eine aus nichtigem oder unverbindlichem Vertrag abgeleitete Forderung das Vollstreckungsurtheil versagt werden muß.

Darf die Jurisprudenz die vom Gesetz nicht gezogene „juristische Konsequenz" ziehen? Darf sie namentlich Schiedsverträgen und Schiedssprüchen der hervorgehobenen Art die Anerkennung verweigern? Oder giebt es ein Gesetz, welches ihr dies verböte?

Nur ein gesetzliches Hinderniß dürfte in Frage kommen. Schuldbegründende Verträge — nicht alle auf Schuldverhältnisse bezüglichen Verträge — sind wirksam, sofern nicht das Gesetz eine Ausnahme vorschreibt. Wäre der Vergleich ein obligirender Vertrag, so müßten mangels einer gesetzlich bestimmten Ausnahme auch Vergleiche über Forderungen aus nichtigen oder unverbindlichen Geschäften und mit ihnen die entsprechenden Schiedsverträge als wirksam anerkannt werden. Nun können allerdings im Wege des Vergleichs Forderungen begründet werden. Der Charakter des Vergleichs wird aber durch die möglicherweise in ihm enthaltenen obligirenden Abmachungen nicht bestimmt. Immer und nothwendig enthält der Vergleich, da durch ihn der Streit oder die Ungewißheit über ein Rechtsverhältniß beseitigt werden muß, eine Verfügung in sich.[1] Wegen dieses wesentlichen Bestandtheils wird auch der Vergleich über Forderungen nicht von dem „Prinzip der Vertragsfreiheit" berührt.

Es ist auch, wie oben[2] dargelegt ist, bereits allgemein anerkannt, daß nichts im Wege steht, dem Wirkungsbereich der Schiedsverträge engere Grenzen zu setzen als der Wortlaut des Gesetzes angiebt, wenn es der Zweck der Rechtsordnung erfordert. Wer in dieser Frage bei einer formalistischen Beurtheilung stehen bleiben zu müssen glaubt, muß auch dem Grundsatz, daß partielle Vergleichsmöglichkeit die Zulässigkeit des Schiedsvertrags nicht bedingt, die Anerkennung versagen.

---

1) Vgl. ob. S. 74.
2) S. 67.

Soll die Jurisprudenz jene „juristische Konsequenz" ziehen, m. a. W. entspricht es den Zwecken, oder wenn man dies lieber hört, dem „Geist" der Rechtsordnung, zu verhindern, daß vermittels des schiedsrichterlichen Verfahrens zwingende Vorschriften außer Kraft gesetzt, insbesondere nichtige und unverbindliche Verträge mit Wirksamkeit ausgestattet werden? Schwerlich wird Jemand diese Frage an und für sich verneinen. Aber es darf nicht verkannt werden, daß man, wenn man solchen Erfolgen des schiedsrichterlichen Verfahrens entgegentreten will, gewisse Uebelstände in Kauf nehmen muß. Der gegenüber jeder Beeinträchtigung des laissez faire beliebte Einwand, daß der Chikane Thor und Thür geöffnet werde, kann auch hier erhoben werden. Wird dem vom Schiedsgericht Verurtheilten die Möglichkeit gewährt, in dem Verfahren auf Erlaß des Vollstreckungsurtheils eine Untersuchung darüber zu erwirken, ob der Schiedsvertrag sich auf ein durch nichtigen oder unverbindlichen Vertrag begründetes Verhältniß bezog, so wird damit allerdings auch einem böswilligen Schuldner ein Mittel gegeben, die Vollstreckung des Schiedsspruchs zu verzögern. Es scheint auch nicht außer Betracht gelassen werden zu dürfen, daß die Zumuthung an die ordentlichen Gerichte, die Schiedssprüche in der bezeichneten Richtung einer Nachprüfung zu unterziehen, die Geschäftsüberlastung mancher Gerichte ein wenig vergrößern kann. Ueber das Gewichtsverhältniß von Gründen und Gegengründen läßt sich hier wie in allen rechtspolitischen Fragen kein wissenschaftlich begründetes Urtheil abgeben. M. E. kann das Uebergewicht der Staats- und Gesellschaftsinteressen, welche der Wirksamkeit von Schiedssprüchen wider zwingendes Recht entgegenstehen, nicht zweifelhaft sein.

Endlich: kann die Praxis, jene „juristische Konsequenz" ziehend, Schiedssprüchen wider zwingendes Recht die Anerkennung verweigern?

Römischen, vielleicht auch französischen Juristen könnte diese Frage unverständlich erscheinen. Unter den gegebenen Verhältnissen bedeutet sie: kann für die Verweigerung des Vollstreckungsurtheils oder die Aufhebung des Schiedsspruchs wenigstens ein Anhalt im Gesetz gefunden werden?

Es dürften drei Gruppen von Schiedssprüchen wider zwingendes Recht zu unterscheiden sein.

Zu der ersten würde es gehören, wenn ein Vereins-Schiedsgericht ein Mitglied trotz seiner Kündigung zur Fortzahlung der Beiträge verurtheilte, vielleicht mit der Begründung, daß die Kündigung nicht gültig gewesen sei, oder wenn das Komitee eines Hausbesitzervereins als Schiedsgericht einen Miether trotz seiner Kündigung zur Zahlung der Miethe für eine gesundheitsgefährliche Wohnung verurtheilte. In solchen Fällen liegt dem Schiedsspruch ein Schiedsvertrag über ein gültiges Rechtsverhältniß zu Grunde, in dessen Wirkungen zwingende Rechtssätze eingreifen. Glücklicherweise scheinen Fälle dieser Art bisher nicht zur Entscheidung ordentlicher Gerichte gelangt zu sein und auch für die nächste Zukunft nicht in Aussicht zu stehen. Ob ihnen gegenüber für die Versagung des Vollstreckungsurtheils ein Anhalt an CPO. § 1041 Ziff. 2 in Verbindung mit CPO. § 1042² zu gewinnen wäre,[1]) dürfte sehr zweifelhaft sein.

Die zweite Gruppe wird von den Fällen gebildet, in denen der Schiedsvertrag sich auf ein Rechtsverhältniß bezieht, das nach

---

1) Vgl. oben S. 65; A. v. Lindheim fährt an der oben S. 64 Anm. 3 angegebenen Stelle fort: „Es scheint uns daher auch sehr begründet, daß die deutsche Reichscivilprozeßordnung und auch die österreichischen Entwürfe zwar für die Regel die Schiedsrichter von der Beobachtung der civilprozessualen Bestimmungen lossprechen, es aber doch nicht erwähnen, daß die Schiedsrichter auch das materielle Recht nicht zu beobachten hätten. Vielmehr bestimmen die genannten Gesetze, daß der Schiedsspruch anfechtbar sei, wenn in demselben Jemand zu einer unerlaubten Handlung verurtheilt worden sei; es dürfte sich aber gewiß empfehlen, diese Bestimmung nicht allzustrenge zu interpretiren und schon dann die Entscheidung für anfechtbar zu erklären, wenn sie gegen zwingende, aus öffentlichen Rücksichten getroffene Gesetzesbestimmungen verstößt, wie ja nach dem allgemeinen preußischen Landrecht ein Schiedsspruch schon dann anfechtbar ist, wenn er gegen ein ausdrückliches Landesgesetz verstößt. Es ist dies auch keineswegs unvereinbar mit der auch von uns betonten Eigenthümlichkeit des Schiedsgerichts, daß es Alles nach Billigkeit ex aequo et bono zu entscheiden habe. Denn der Staat kann und darf es nicht zugeben, daß das, was er aus öffentlichen Rücksichten und der allgemeinen Staatsraison wegen statuirt, von Mitgliedern seines Staats erst nach seiner Billigkeit geprüft und danach angewendet wird. Was ihm aus diesen Gründen Recht ist, muß Jedem billig sein."

zwingenden Rechtsverhältnissen allen oder einzelnen Verfügungen der Betheiligten unzugänglich ist.[1]) Wenn keinerlei Verfügung statthaft ist, so ist ein Vergleich nicht möglich, mithin ein Schiedsvertrag nach CPO. § 1025 ausgeschlossen. Handelt es sich um ein Rechtsverhältniß, das nur in gewissen Richtungen der Verfügung der Betheiligten entzogen ist, so empfiehlt es sich, an der herrschenden „Auslegung" der genannten Vorschrift[2]) festzuhalten.

Die dritte Gruppe vereinigt die Fälle, in denen der Schiedsvertrag sich auf ein wegen zwingender Gesetzesvorschriften nicht zu Recht bestehendes Verhältniß bezieht.

Hier dürfte hinsichtlich des antizipirten Schiedsvertrages CPO. § 1026 einen Anhalt gewähren.

CPO. § 1026 verordnet, daß ein Schiedsvertrag über künftige Rechtsstreitigkeiten keine rechtliche Wirkung hat, wenn er sich nicht auf ein bestimmtes Rechtsverhältniß bezieht.

Es ist nicht üblich und entspricht auch schwerlich den Absichten „des Gesetzgebers", darauf Werth zu legen, daß hier von einem bestimmten Rechtsverhältniß und nicht von einem bestimmten Verhältniß die Rede ist. Aber da nun einmal das Gesetz von einem Rechtsverhältniß spricht, wird man es nicht für unzulässig erklären dürfen, wenn die erste Silbe des Wortes nicht als bedeutungslos behandelt wird.

Wenn „die Mitglieder eines Spielklubs sich bezüglich der aus gegenseitigem Spiele entstehenden Ansprüche dem Schiedsspruche des Vorstandes unterwerfen",[3]) so bestimmen sie nicht ein Rechtsverhältniß. Denn das durch Spiel begründete Verhältniß ist kein Rechtsverhältniß.[4]) Fehlt aber die Bestimmung eines Rechts-

1) Vgl. oben S. 68.

2) Vgl. oben S. 69.

3) Kohler, Ges. Abhandl. z. Civilprozeß S. 202.

4) Gegen die Bezeichnung der durch Spiel begründeten Verpflichtungen als „unvollkommener Verbindlichkeiten" muß Einspruch erhoben werden, wenn dadurch der Anschein erweckt wird, als ob diese und ähnliche Verpflichtungen doch in gewisser Hinsicht rechtliche Schuldverhältnisse seien. Sie sind es nicht und werden es ebenso wenig durch den Ausschluß der Kondiktion, wie die Pflicht zur Gewährung einer Ausstattung durch BGB. § 1624 zur rechtlichen Verbindlichkeit erhoben wird.

verhältnisses, so hat die Einsetzung des Schiedsgerichts keine rechtliche Wirkung; dem schiedsgerichtlichen Verfahren und dem Schiedsspruch des Klubvorstandes mangelt die gesetzliche Grundlage.

Dasselbe gilt auch, wenn die Spieler etwa dem Klubvorstand zur Entscheidung etwaiger Streitigkeiten über ihre „am heutigen Abend begründeten Beziehungen" berufen oder diesen Beziehungen einen anderen wohlklingenden Namen geben. So entbehrt ein zwischen den Kontrahenten eines Differenzgeschäfts mit Bezug auf dieses abgeschlossener Schiedsvertrag der rechtlichen Wirksamkeit, obwohl der Spielvertrag als Kaufvertrag bezeichnet ist.[1]) Auf den Namen kommt es hier ebenso wenig an, wie wenn die Parteien das der schiedsgerichtlichen Beurtheilung unterworfene Verhältniß irrthümlich als Auftragsverhältniß statt als Dienstverhältniß bezeichnet haben. Es ist auch gleichgültig, ob die Parteien das bestimmte Verhältniß für ein rechtlich anerkanntes Verhältniß gehalten haben oder es als solches anerkannt wissen wollten, und es ist ebenso gleichgültig, ob sie das bestimmte Verhältniß, nachdem der Streit vor dem Schiedsgericht eröffnet ist, als Rechtsverhältniß angesehen wissen wollen. Der Wille der Parteien vermag zu keiner Zeit zu erzielen, daß die im Schiedsvertrag enthaltene Bestimmung eines rechtlich nicht anerkannten Verhältnisses zur Bestimmung eines Rechtsverhältnisses wird. Wenn die Parteien darüber streiten, ob das im Schiedsvertrag der schiedsgerichtlichen Beurtheilung unterstellte Verhältniß ein Rechtsverhältniß ist, so kann das Schieds-

---

1) In einem neueren Erkenntniß des Reichsgerichts (Entscheid. 36, 248 f.) ist gesagt: „Zuzugeben ist, daß die Kontrahenten vor, bei oder nach Abschluß eines Rechtsgeschäfts vereinbaren können, es solle auch der Streit darüber, ob das Geschäft rechtswirksam geschlossen sei, im schiedsrichterlichen Verfahren entschieden werden. Eine andere Frage ist schon, ob Parteien, welche zu spielen verabredet haben, gültig paktiren können, daß über Ansprüche aus dem Spiele, und ob Spiel vorliege, durch Schiedsspruch entschieden werden solle. Denn dadurch verleihen sie dem Spielvertrag unter Umgehung des Gesetzes eine theilweise Klagbarkeit." Der erste Satz ist hinsichtlich des antizipirten Schiedsvertrages zu bestreiten. Gegenüber dem zweiten ist darauf hingewiesen, daß die jetzt geltenden Gesetze das Verbot der negotia in fraudem legis nicht enthalten, und daß der Beweis der Umgehungsabsicht in manchen Fällen schwierig ist.

gericht nach CPO. § 1037 auch darüber Untersuchung anstellen [1]) und Entscheidung treffen. Aber die Entscheidung ist für das ordentliche Gericht nicht maßgebend, weil das Schiedsgericht nicht die Grundlagen seiner eigenen Kompetenz schaffen kann, diese vielmehr nur durch einen rechtlich wirksamen Schiedsvertrag begründet wird. [2]) Wird dem ordentlichen Gericht bewiesen, daß das bestimmte Verhältniß kein Rechtsverhältniß war, so muß dem Schiedsspruch die Anerkennung versagt werden.

Freilich nur gegenüber dem antizipirten Kompromiß kann CPO. § 1026 einen Anhalt gewähren. Einer Erneuerung oder Bestätigung des Schiedsvertrags nach der Entstehung des Streites steht diese Vorschrift nicht entgegen. In dem vom Beklagten vor dem Schiedsgericht abgegebenen Verzicht auf die Bemängelung der Unzulässigkeit des Verfahrens wird eine Bestätigung des Schiedsvertrages zu finden sein. Dagegen liegt eine unrichtige Willensauslegung vor, wenn ein solcher Verzicht schon darin gefunden wird, daß der Beklagte es unterläßt, vor dem Schiedsgericht die Unzulässigkeit des Verfahrens geltend zu machen oder auch nur zu substantiiren. Davon, daß in Folge solcher Unterlassungen ein rechtlich nicht vorhandener Schiedsvertrag fingirt werden solle, sagt die CPO. sicherlich nichts. [3])

---

1) Z. B. wenn über einen Grundstückskauf ein Schiedsvertrag abgeschlossen war und streitig wird, ob der Kauf notariell oder gerichtlich beglaubigt war.

2) Vgl. Kohler in Beiträgen zur Erläut. d. deutschen Rechts Bd. 31 S. 511.

3) Das Reichsgericht scheint von der hier bekämpften Auffassung bereits nahezu zurückgekommen zu sein. Sie ist ausgegangen vom 1. Senat (vgl. insb. Entscheid. 27, S. 378 f.) und vom 2. Senat (II 198/93 vom 8. Dezember, Bolze 17, 847) übernommen. Aber der 1. Senat hat bereits in I 67/94 (Bolze 20, 844) zwar seine frühere Ansicht noch als „im Allgemeinen zutreffend" bezeichnet, aber von dem Verlangen, daß der Beklagte, um vor dem Staatsgericht Gehör zu finden, den Einwand der Unzulässigkeit des schiedsgerichtlichen Verfahrens schon vor dem Schiedsgericht hätte substantiiren müssen, Abstand genommen; es wird nur noch gefordert, daß der Beklagte dort, wenn er sich eingelassen hat, den Einwand „überhaupt geltend gemacht" hat. Der 4. Senat (in IV, 59/92, v. 7. März, Bolze 14, 635) läßt auch hinsichtlich dieses Erfordernisses Zweifel erkennen („möchte es daher auch richtig sein" u. s. w.). Vgl. neuestens I, 443/98 v. 8. Februar 1899, Entsch. 43, S. 407 f.

Wenn auch auf dem im Vorstehenden bezeichneten Wege den erheblichsten Uebelständen entgegengetreten werden kann, so wäre es doch sehr erwünscht, wenn das Gesetz sich zum Begleiter auf einem Wege böte, auf dem auch den de re litigiosa abgeschlossenen Schiedsverträgen und den Vergleichen über rechtlich nicht anerkannte Verhältnisse begegnet werden könnte.

Vielleicht gelingt es Anderen, den Weg zu weisen und damit unser Recht von dem Vorwurf zu entlasten, daß es in Vergleich und Schiedsvertrag bequeme Mittel bietet, die zwingenden Vorschriften der Gesetze außer Kraft zu setzen.

Johannes Biermann.

Zur Lehre von der Vertretung und Vollmacht.

§ 1. Grenz- und Begriffsbestimmungen.

Das BGB. spricht im § 166 Abs. 2 von der Vollmacht als von „*einer durch Rechtsgeschäft ertheilten Vertretungsmacht*". Gewiß soll dies nicht heißen, daß die Vollmacht nur *ein* Fall der durch Rechtsgeschäft ertheilten Vertretungsmacht sei. Die Vollmacht ist vielmehr *die* oder, was dasselbe ist, *jede* durch Rechtsgeschäft ertheilte Vertretungsmacht. Nicht Vollmacht ist also zunächst die *nicht* auf Rechtsgeschäft beruhende Vertretungsmacht. Von einer *gesetzlichen* Vollmacht zu reden, wäre für das BGB. widersinnig.

Ist eine Vertretung vorhanden, so wirken Rechtshandlungen des Vertreters unmittelbar für und gegen den Vertretenen. Die Vertretung ist aber keineswegs der *einzige* Fall, in welchem dieser Rechtseffekt eintritt. Vertretung setzt vielmehr *Doppeltes* voraus: es muß sich um *Willenserklärungen* handeln, und diese müssen im *Namen* des Vertretenen abgegeben werden (§ 164 a. A.). Fehlt es an einer dieser Voraussetzungen, so liegt keine Vertretung vor.

Es gilt also, die Vollmacht zu unterscheiden einmal von Fällen, in denen Rechtshandlungen zwar unmittelbar für und gegen einen andern wirken, aber eine Vertretung nicht vorliegt, und ferner von Fällen, in denen eine Vertretung vorliegt, aber nicht auf Rechtsgeschäft beruht.

Unter den ersten Fällen ist der vielleicht wichtigste der der *Verfügung* für einen andern. Es gehört unzweifelhaft zu den

Verdiensten des BGB., daß es unter den Rechtsgeschäften die Verfügungen herausgehoben und durch Sonderbestimmungen abgegrenzt hat. Die Begriffsbestimmung macht keine Schwierigkeiten. Planck[1]) versteht darunter mit Recht diejenigen Rechtsgeschäfte, durch welche unmittelbar ein Recht übertragen, belastet, geändert oder aufgehoben wird; Cosack's Definition stimmt hiermit überein.[2]) Damit nun eine Verfügung über fremde Rechte für den Berechtigten Wirkung habe, ist es nicht nothwendig, daß sie der Verfügende im Namen des Berechtigten vornimmt. Aus § 185 Abs. 2 geht dies ganz klar hervor. Eine Verfügung, die ein Nichtberechtigter über einen Gegenstand trifft, ist danach wirksam, wenn sie mit Einwilligung des Berechtigten, d. h. mit dessen vorheriger Zustimmung erfolgt. Weiteres wird nicht verlangt. Wenn ich also einem Andern den Auftrag gegeben habe, mein Pferd zu verkaufen, so überträgt er das Eigenthum an dem Pferde, ohne Unterschied, ob er es in meinem oder in eigenem Namen übergeben hat. Schon das römische Recht gab hier gegen den Eigenthümer die exceptio rei venditae et traditae (l. 1 §§ 2, 3 D. de exc. r. v. 21,3), und Dernburg gewährt schon nach gemeinem Recht dem Erwerber das Eigenthum.[3]) Für das BGB. zu verlangen, daß der Veräußerer sich als Vertreter des Berechtigten zu erkennen gebe, in dessen Namen handele, wäre ein Zurückgehen hinter das römische Recht, dem der Wortlaut und die Stellung des § 185 im System des BGB.[4]) in gleicher Weise widerstreiten.[5]) Empfängt der Verfüger den mir geschuldeten Kaufpreis mit meiner Zustimmung, so ist dies ebenfalls gegen mich wirksam. Denn auch Zahlungsempfang ist eine Verfügung.[6]) Berechtigungen und Ver-

---

1) Kommentar. Vorbemerkung zum 3. Abschnitt des Allg. Theils IX, 4.

2) Lehrbuch Bd. 1 § 52 III.

3) Pandekten Bd. 1 § 216 a. E.

4) Vertretung und Vollmacht bilden den fünften Titel, § 185 steht im sechsten Titel des dritten Abschnitts Allg. Theils.

5) So schon für das gemeine Recht wenigstens theilweise, Lenel: Stellvertretung und Vollmacht, in Iherings Jahrb. Bd. 36 S. 9.

6) Vgl. Cosack a. a. O.

pflichtungen aus der Kaufobligation dagegen entstehen für mich allerdings nur dann, wenn der Verfüger als mein Vertreter gehandelt, d. h. in meinem Namen kontrahirt hat.

Ein Verfüger, kein Vertreter, ist auch der Ueberbringer einer Quittung, der gemäß § 370 als berechtigt gilt, die Leistung zu empfangen, sofern nicht die dem Leistenden bekannten Umstände der Annahme einer solchen Ermächtigung entgegenstehen.[1]) Regelmäßig handelt der Ueberbringer allerdings im Namen des Gläubigers, denn er überbringt ja die von diesem unterschriebene Quittung. Aber nothwendig ist dies nicht. Er kann beispielsweise erklären, ihm sei die Forderung abgetreten worden; dann handelt er in eigenem Namen. Der Empfang der Leistung hat aber in beiden Fällen die gleiche Wirkung.

Eine Vertretung im Sinne des BGB. liegt ferner dann nicht vor, wenn die Handlung des Vertreters überhaupt keine Willenserklärung ist. Dahin gehört u. a. der Fall des Besitzerwerbes durch Erlangung der thatsächlichen Gewalt über die Sache (§ 854 Abs. 1), des Eigenthumserwerbes durch Vermischung, Verbindung, Verarbeitung, Fruchtgewinnung u. s. w. Welche Anforderungen hier zu stellen sind, damit die Handlung des Vertreters für den Vertretenen unmittelbare Wirkung habe, ist schwer zu sagen und unmöglich en passant zu erledigen. Das Gesetz läßt uns hier völlig im Stich, die Möglichkeit von Analogien ist zweifelhaft, das — übrigens bestrittene — gemeine Recht ist natürlich ebenfalls nicht ohne Weiteres zu verwerthen.[2])

---

1) Auch Zitelmann, Das Recht des BGB. Allg. Theil S. 122, zweifelt, ob es sich hier um einen Fall der Stellvertretung handelt.

2) Hier wie an vielen anderen Stellen erhebt sich die Frage, ob mit unserer bisherigen Theorie von den Rechtsquellen auszukommen ist. Eine Entscheidung muß unter allen Umständen gewonnen werden. Läßt sie sich aber aus dem Gesetz auch nicht mit Hilfe der Analogie entnehmen, so beruht sie doch wohl auch nicht auf dem Gesetz. Auf Gewohnheitsrecht stützt sie sich natürlich auch nicht, ein solches wird höchstens in Jahren vorhanden sein. Ist aber eine Deduktion aus bloßen Zweckmäßigkeitsgründen wirklich etwas anderes als eine Beweisführung aus Naturrecht, das damit eine fröhliche Wiederauferstehung feiern würde?

Kein Vertreter ist auch der im § 432 genannte Verwahrer, denn auch er hat keinerlei Willenserklärungen abzugeben.

Ich wende mich zu denjenigen Fällen, in welchen zwar Vertretung vorliegt, diese aber nicht auf Rechtsgeschäft beruht.

Hierhin gehört zunächst die unmittelbar kraft Gesetzes bestehende Vertretungsmacht. Eine solche hat der Inhaber der elterlichen Gewalt; § 1630 bestimmt: Die Sorge für die Person und das Vermögen umfaßt die Vertretung des Kindes. Eine gesetzliche Vertretungsmacht hat ferner die Frau kraft ihrer Schlüsselgewalt (§ 1357). „Die Frau ist berechtigt, innerhalb ihres häuslichen Wirkungskreises die Geschäfte des Mannes für ihn zu besorgen und ihn zu vertreten.“ Freilich wird die Frau nur selten im Namen des Mannes handeln, es werden auch die Umstände nicht immer ergeben, daß ihre Erklärungen in dessen Namen erfolgen sollen. Dies ist hier aber gleichgültig. Denn § 1357 bestimmt ausdrücklich: Rechtsgeschäfte, die sie innerhalb dieses Wirkungskreises vornimmt, gelten als im Namen des Mannes vorgenommen, wenn nicht aus den Umständen sich ein anderes ergiebt. Darin liegt unter Umständen eine bloße Fiktion. Denn wenn die Frau dem Dritten gegenüber ihre Stellung als Ehefrau mit keinem Worte erwähnt hat, dem Dritten diese Stellung auch nicht auf andere Weise bekannt geworden ist, so kann man gewiß nicht behaupten, daß die Frau irgend etwas im Namen des Mannes erklärt hat. Aber es soll so angesehen werden, als habe sie ihre Erklärungen im Namen des Mannes abgegeben. Diese eigenthümliche Formulirung des Gesetzes ist für seine Auffassung von der Vertretung bezeichnend. Dem BGB. scheint es als unbedingt wesentlich, daß der Vertreter im Namen des Vertretenen handele. Da nun die Frau innerhalb ihres häuslichen Wirkungskreises Vertreterin des Mannes sein soll, sie aber oftmals nicht im Namen des Mannes handelt, so muß letzteres eben fingirt werden. — Auf Gesetz beruht auch die Vertretungsmacht des Gerichtsvollziehers gemäß § 755 CPO. Der Gerichtsvollzieher giebt auch Willenserklärungen im Namen des Gläubigers ab, ist also insoweit

Vertreter desselben. Regelmäßig ist er natürlich Bevollmächtigter. Aber er wird dem Schuldner und Dritten gegenüber schon durch den bloßen Besitz der vollstreckbaren Ausfertigung als Vertreter legitimirt. Wie er zu dieser Ausfertigung gekommen ist, ist unerheblich, sie braucht ihm insbesondere vom Gläubiger nicht übergeben zu werden. Kraft Gesetzes wird bei mehrfacher Pfändung der erste Gerichtsvollzieher Vertreter aller Gläubiger, CPO. § 827. Ferner läßt sich auch § 15 GBO. heranziehen. Ist die zu einer Eintragung im Grundbuche erforderliche Erklärung von einem Notar beurkundet oder beglaubigt, so gilt dieser als ermächtigt, im Namen eines Antragsberechtigten die Eintragung zu beantragen. Wenn man hier von einer vermutheten Vollmacht spricht,[1]) so giebt man damit keine Erklärung. Der Notar verdankt seine Vertretungsmacht ausschließlich dem Gesetz, der Wille des Vertretenen spielt hierbei keine Rolle. Der Notar hat die Vertretungsmacht auch dann, wenn der Vertretene nichts von ihr weiß, und auch dann, wenn der Vertretene sie nicht will, sein Nichtwollen aber nicht zum Ausdruck bringt. Entsprechende Bestimmungen finden sich im Gesetz über die freiwillige Gerichtsbarkeit §§ 71, 100 129. Auf einige andere Fälle der unmittelbar auf Gesetz beruhenden Vertretungsmacht wird besser erst im Zusammenhange mit der Erörterung der Vollmacht eingegangen.

Von der Vollmacht zu unterscheiden ist weiter die auf obrigkeitlicher Bestellung beruhende Vertretungsmacht. Sie hat der Vormund. § 1793 besagt: Der Vormund hat das Recht und die Pflicht, für die Person und das Vermögen des Mündels zu sorgen, insbesondere den Mündel zu vertreten. Vertretungsmacht haben auch — in verschiedenem Umfange — die zu Pflegern bestellten Personen, ferner der auf Grund des § 1693 der Mutter gesetzte Beistand, der ja die Rechte und Pflichten eines Pflegers hat. Obrigkeitlich bestellte Vertreter kommen ferner im Prozeß vor. Hierhin gehört CPO. § 57,

1) Vgl. z. B. Willenbücher, Reichsgrundbuchordnung Anm. 2 zu § 15. In Anm. 1 wird gesagt, die Vorschrift lege dem Notar „kraft Gesetzes die Vollmacht bei."

wonach der Vorsitzende des Prozeßgerichts einem nicht prozeßfähigen Beklagten einen besonderen Vertreter bestellen muß oder kann.[1] Dieselbe Grundlage haben §§ 679 Abs. 3 und 686 Abs. 2 CPO. Dagegen erachtet das Reichsgericht[2] den nach § 668 CPO. beizuordnenden Rechtsanwalt für einen Bevollmächtigten, und für die Fälle der §§ 115, 116 CPO., §§ 33, 34 RAO. ist dies wohl allgemeine Meinung. Einen obrigkeitlich bestellten Vertreter kennen dann wieder die §§ 58, 787 CPO. Sie beziehen sich auf den Fall, daß ein Recht an einem von dem bisherigen Eigenthümer nach § 928 BGB. aufgegebenen und von dem Aneignungsberechtigten noch nicht erworbenen Grundstück im Wege der Klage oder der Zwangsvollstreckung geltend gemacht werden soll. Es hat dann der Vorsitzende des Prozeßgerichts resp. das Vollstreckungsgericht auf Antrag einen Vertreter zu bestellen, dem bis zur Eintragung eines neuen Eigenthümers die Wahrnehmung der sich aus dem Eigenthum ergebenden Rechte und Verpflichtungen obliegt. Schließlich wird auch § 779 Abs. 2 CPO. in diesen Zusammenhang gehören, wonach wenn bei einer Vollstreckungshandlung die Zuziehung des Schuldners nöthig ist, und die Erbschaft noch nicht angenommen oder der Erbe unbekannt oder seine Annahme ungewiß ist, das Vollstreckungsgericht dem Erben auf Antrag des Gläubigers einen einstweiligen besonderen Vertreter zu bestellen hat.

Kein Bevollmächtigter ist ferner der auf Grund des § 1189 BGB. vom Grundeigenthümer bestellte Vertreter. Denn die Vertretungsmacht wird ihm nicht durch den Vertretenen, sondern von einem Dritten ertheilt.

Die aufgezählten Fälle der nicht auf Rechtsgeschäft beruhenden Vertretungsmacht sind keineswegs durchweg Fälle der sog. gesetzlichen Vertretung. Das BGB. gebraucht diesen Ausdruck als einen technischen, ohne ihn zu erklären. Sein Sinn ist auch so klar. Das BGB. faßt unter gesetzlicher Vertretung nur diejenigen

---

1) Entsprechende Bestimmungen finden sich in § 28 des Reichsges. betr. die Gewerbegerichte vom 29. Juli 1890.

2) Entsch. Bd. 35 S. 352.

Fälle zusammen, in denen die Vertretung in Folge der Geschäftsunfähigkeit oder der beschränkten Geschäftsfähigkeit des Vertretenen nothwendig ist. Danach ist gesetzlicher Vertreter der Inhaber der elterlichen Gewalt, der Vormund, der vorläufige Vormund des § 1906, der Beistand im Falle des § 1693, der Pfleger gemäß § 1909, nicht aber sind es die nach §§ 1910, 1911 bestellten Pfleger.[1])

Die meisten Schwierigkeiten bereitet eine Reihe von Fällen, die das Gemeinsame haben, daß hier äußerlich betrachtet ein Vermögen oder ein einzelnes Vermögensstück vertreten wird, Rechtsobjekte nicht Rechtssubjekte. Ueberwiegend werden diese Vermögensvertreter vom Gesetz als Verwalter bezeichnet. Am meisten erörtert wurde bisher die rechtliche Stellung des Konkursverwalters und des Testamentsvollstreckers. Grundsätzlich in der gleichen Rechtslage befinden sich der Ehemann als Verwalter des eingebrachten Gutes der Frau, der Nachlaßverwalter, der Zwangsverwalter, der Sequester eines Nießbrauchs oder einer der Nacherbfolge unterliegenden Erbschaft (BGB. §§ 1052, 2128). Für alle diese Fälle gilt, daß durch die Handlungen des Verwalters das verwaltete Vermögen verändert, vermehrt, vermindert wird, der Eigenthümer es nur so zurückempfängt, wie es sich unter den Händen des Verwalters gestaltet hat. Die Rechtshandlungen des Verwalters wirken also für und gegen den Eigenthümer, und zwar unmittelbar, d. h. ohne daß es eines Uebertragungsgeschäftes zwischen Verwalter und Eigenthümer bedarf. Aber andererseits wird der Eigenthümer durch die Handlungen des Verwalters persönlich weder berechtigt noch verpflichtet. Wenn beispielsweise der Konkursverwalter einen Miethvertrag eingeht, so kann der Gemeinschuldner daraus nicht auf Zahlung des Miethzinses verklagt werden. Miethet dagegen der Vormund des Minderjährigen für seinen Schutzbefohlenen eine Wohnung, so geht die Klage auf Zahlung des Miethzinses gegen den Minderjährigen. Es liegt also,

1) Ueber den Begriff der gesetzlichen Vertretung nach der CPO. vgl. unten S. 103.

wie bemerkt, nahe, zu sagen, in den in Rede stehenden Fällen werde Vermögen, nicht eine Person vertreten. Damit hat man aber im besten Falle weiter nichts als ein Bild. Denn man wird doch auch für das Recht des BGB. daran festhalten müssen, daß ein Vermögen, das unzweifelhaft im Eigenthum steht, immer nur Rechtsobjekt, nicht Rechtssubjekt sein kann.

Man wird weiter fragen dürfen, ob die in Rede stehenden Verwalter nicht etwa einfach als Verfüger aufzufassen sind.[1]) An sich unterliegt es nun keinem Bedenken, neben den durch Rechtsgeschäft ermächtigten Verfügern, deren der § 185 Abs. 1 BGB. gedenkt, auch solche anzuerkennen, deren Verfügungsmacht auf Gesetz oder obrigkeitlicher Bestellung beruht. Die Einwilligung des Berechtigten wird dann durch die Rechtsnorm ersetzt. Es ist ferner offensichtlich, daß die fraglichen Verwalter durchweg kraft Gesetzes zu Verfügungen ermächtigt sind, ja daß bei einigen von ihnen die Vornahme von Verfügungen die Hauptsache ist. Aber durchweg beschränkt sich ihre Vertretungsmacht hierauf doch nicht, in größerem oder geringerem Umfange schließen sie auch andere Rechtsgeschäfte ab, die für und gegen den Eigenthümer des Vermögens unmittelbar wirksam sind.

Der Mann als Verwalter des eingebrachten Gutes der Frau hat eine Verfügungsmacht, vgl. §§ 1376 ff. Dagegen spricht ihm § 1375 die Legitimation, die Frau durch Rechtsgeschäfte zu verpflichten, ausdrücklich ab. Was Berechtigungen der Frau anlangt, so gilt dasselbe für die Annahme einer Erbschaft oder eines Vermächtnisses; hier ist die Frau vollkommen selbständig, jede Mitwirkung des Mannes entbehrlich, vgl. § 1406 Ziff. 1. In den Fällen der §§ 1381, 1382 wird die Frau durch den Mann zwar unmittelbar kraft Gesetzes berechtigt; eine Vertretung der Frau durch den Mann liegt indessen auch hier nicht vor, denn im Namen der Frau braucht der Mann nicht zu handeln; thut er es, so ist das Resultat kein anderes, als wenn er es nicht thut. Wie es in den dann noch übrig bleibenden Fällen

1) Vgl. Zitelmann, Recht des BGB. Allg. Theil S. 120.

des Rechtserwerbes steht, ist sehr zweifelhaft. Den einzigen Anhalt gewährt das aus § 1375 zu entnehmende, freilich unsichere argumentum a contrario. Wenn es hier heißt: das Verwaltungsrecht des Mannes umfaßt nicht die Befugniß, die Frau durch Rechtsgeschäfte zu verpflichten, so ist der Schluß naheliegend: Eine Berechtigung der Frau durch Rechtsgeschäfte gehört zum Inhalt des Verwaltungsrechts des Mannes. Wer diesen Schluß für zulässig hält, muß anerkennen, daß der Mann insoweit jedenfalls im Namen der Frau auftreten, also als ihr Vertreter handeln muß.[1]) Schließlich sind einseitige Rechtsgeschäfte, die sich auf das eingebrachte Gut beziehen, mit Ausnahme derjenigen, die Verbindlichkeiten der Frau betreffen, dem Manne gegenüber vorzunehmen (§ 1403). Es geht also zu weit, mit Cosack[2]) dem Manne jegliche Vertretungsmacht abzusprechen, aber sie ist freilich sehr bescheiden.[3])

Anders ist die Stellung des Testamentsvollstreckers. Auch er ist zunächst Verfüger, § 2205 Satz 2 giebt ihm ausdrücklich das Recht, den Nachlaß in Besitz zu nehmen und über die Nachlaßgegenstände zu verfügen. Aber er ist außerdem auch berechtigt, Verbindlichkeiten einzugehen, regelmäßig mit Beschränkungen, vgl. § 2206, auf Anordnung des Erblassers ohne Beschränkungen, vgl. § 2207. Natürlich gelten diese Verbindlichkeiten nur für den Nachlaß, auch die Einwilligung des Erben nimmt diesem nicht das Recht, die Beschränkung seiner Haftung für die Nachlaßverbindlichkeiten geltend zu machen, § 2206 Abs. 2.

Nicht wesentlich abweichend ist die Stellung des Nachlaß-

---

1) Uebereinstimmend Planck, Kommentar zu § 1381: Ein Erwerb, den der Mann durch ein für das eingebrachte Gut vorgenommenes Rechtsgeschäft macht, fällt unmittelbar der Frau zu, wenn das Rechtsgeschäft in ihrem Namen geschlossen ist.

2) Lehrbuch Bd. 2 Abth. 2 § 279 IV, 2 S. 428.

3) Garnicht Vertreter ist der Mann als Verwalter des Gesammtgutes bei bestehender ehelicher Gütergemeinschaft. Er kann das Gesammtgut verpflichten und berechtigen, aber ob er dabei zu erkennen giebt, daß er für das Gesammtgut handelt, oder ob er es nicht thut, ist ganz unerheblich. Es treten in beiden Fällen die gleichen Wirkungen ein. Soweit die Frau zur Verwaltung des Gesammtgutes berechtigt ist, gilt dasselbe auch für sie.

verwalters. Auch er hat das alleinige Verfügungsrecht über den Nachlaß, der Erbe verliert mit der Anordnung der Nachlaßverwaltung die Befugniß, den Nachlaß zu verwalten und über ihn zu verfügen (§ 1984 a. A.). Auch er ist aber auch ermächtigt, den Nachlaß zu berechtigen und zu verpflichten, denn das Gesetz nennt ihn einen zum Zwecke der Befriedigung der Nachlaßgläubiger bestellten Nachlaßpfleger (§ 1975), und auf die Pflegschaft finden die für die Vormundschaft geltenden Vorschriften entsprechende Anwendung (§ 1915).

Durchaus analog ist die Stellung des Konkursverwalters gestaltet. Der Konkursverwalter hat ebenfalls das alleinige Verfügungsrecht über die Konkursmasse, der Gemeinschuldner hat es mit Eröffnung des Konkursverfahrens verloren, § 6 KO. Aber auch der Konkursverwalter kann die Masse berechtigen und verpflichten. In diese Lage wird er beispielsweise dann kommen, wenn er das Geschäft des Gemeinschuldners fortführt. Ferner fordert § 134 KO. die Genehmigung des Gläubigerausschusses oder der Gläubigerversammlung u. a. zur Aufnahme von Darlehen, zur Uebernahme fremder Verbindlichkeiten, zum Erwerb von Grundstücken für die Masse, woraus sich ebenfalls die genannte Ermächtigung des Verwalters ergiebt. Insoweit ist der Konkursverwalter Vertreter. Thatsächlich handelt er auch als solcher, d. h. nicht im eigenen Namen. Wenn er beispielsweise ein Darlehen aufnimmt, so wird er ganz gewiß sagen, daß er es für die Masse aufnimmt; andernfalls würde er haften, und zwar er allein, nicht auch die Masse. Die Frage nach der rechtlichen Stellung des Konkursverwalters ist bekanntlich sehr bestritten, nichts zu ihrer Lösung hat die vielgenannte Entscheidung des Reichsgerichts vom 30. März 1892 (Entsch. Bd. 29 S. 29)[1]) beigetragen. Sie erblickt in dem Konkursverwalter „ein im öffentlichen Interesse geschaffenes Organ für die Durchführung des Zwecks des Konkurses, das seine Legitimation zur Ausübung der ihm übertragenen Funktionen unmittelbar aus dem Gesetze entnimmt". „Er handelt lediglich kraft gesetzlichen Auftrages zur Erfüllung der ihm gestellten

1) Sie vertritt neuerdings Lippmann in Iherings Jahrb. Bd. 41 S. 112.

Aufgabe. Hat er dabei auch die Interessen des Gemeinschuldners und der Konkursgläubiger wahrzunehmen, so geschieht dies doch nicht in stellvertretender Ausübung von rechtlichen Befugnissen dieser Personen, sondern in Erfüllung der ihm gesetzlich auferlegten Verpflichtungen. Wie diese Verpflichtungen seine eigenen sind, so sind auch die ihm zur Ermöglichung ihrer Erfüllung beigelegten Berechtigungen seine eigenen, und dazu gehört denn auch die Dispositionsbefugniß über das zur Konkursmasse gezogene Vermögen. Die gesetzliche Dispositionsgewalt des Konkursverwalters erkärt es, daß dieses Vermögen, wenn überhaupt, nur so, wie es durch die Verwaltung des Konkursverwalters geworden ist, in die Verfügung des Gemeinschuldners zurückkehren kann". Das Reichsgericht leugnet, daß es Rechte und Pflichten des Gemeinschuldners als Eigenthümers der Konkursmasse seien, die der Konkursverwalter in dieser seiner Eigenschaft auszuüben oder zu erfüllen habe. — Dem gegenüber darf man fragen, welche Rechte denn der Verwalter eigentlich geltend macht und welche Verpflichtungen er denn eigentlich erfüllt, wenn nicht die des Gemeinschuldners. Was ist denn die vornehmste Aufgabe des Konkursverwalters? Doch offenbar die, die Gläubiger zu befriedigen. Dies aber ist doch gewiß eine Pflicht des Gemeinschuldners. Die Mittel aber, mit denen er die Befriedigung der Gläubiger bewirkt, sind wiederum Mittel des Gemeinschuldners, andere hat der Verwalter nicht zur Verfügung. Daß der Verwalter eigene Pflichten hat, ist richtig; aber eigene Pflichten hat auch der Vormund oder ein anderer unzweifelhafter Vertreter. Mit der Deduktion des Reichsgerichts ist also nicht weiterzukommen. Das Reichsgericht nimmt daran Anstoß, daß der Verwalter Rechtshandlungen des Gemeinschuldners wegen Benachtheiligung der Gläubiger anfechten, daß er mit dem Gemeinschuldner über dessen etwaige Ansprüche an die Masse Prozesse führen, den Gemeinschuldner zur Leistung des Offenbarungseides zwingen kann. Darauf wird noch weiter unten einzugehen sein.

Weniger umfassend ist die Rechtsstellung des Zwangsverwalters.[1]) Auch er hat aber ein Verfügungsrecht, nämlich über

1) Vgl. hierüber auch Dernburg, Bürgerliches Recht Bd. 3 S. 714

die Nutzungen des Grundstücks, und auch er schließt obligatorische Geschäfte ab, z. B. indem er Wohnungen vermiethet, Arbeiter dingt u. s. w. Eine Art von Zwangsverwaltung ist schließlich auch die auf Grund der §§ 1052, 2128 angeordnete Verwaltung des Nießbrauches oder der dem Vorerben angefallenen Erbschaft. Der Umfang dieser Verwaltung kann zweifelhaft sein, auch hier aber wird es weder an Verfügungen noch an obligatorischen Geschäften fehlen.

Dem Wesen nach ist die rechtliche Stellung der Verwalter in allen genannten Fällen die gleiche. Sie alle sind Verfüger und insoweit keine Vertreter. Sie alle sind aber auch Vertreter. Soweit der Verwalter Verfüger ist, ist Berechtigter (BGB. § 185 Abs. 1) der Eigenthümer des Vermögens oder Vermögensstücks. Es ist sicherlich das natürlichste, dieselbe Person, soweit der Verwalter Vertreter ist, als Vertretenen anzusehen, also die Ehefrau als Eigenthümerin des eingebrachten Gutes, den Erben, den Gemeinschuldner, den Eigenthümer des in Zwangsverwaltung gerathenen Grundstücks. Bei der Sequestration des Nießbrauches und der der Nacherbfolge unterliegenden Erbschaft ist Vertretener der Nießbraucher resp. der Vorerbe. Ihre Charakterisirung empfängt nun aber diese Vertretungsmacht durch ihren Umfang. In allen genannten Fällen beschränkt sie sich durchaus auf ein von dem sonstigen Vermögen des Vertretenen völlig getrenntes Sondervermögen. Ueber dieses allein verfügt der Vertreter, es allein haftet auf Grund der von dem Vertreter eingegangenen Verpflichtungen, ihm allein kommen die von dem Vertreter abgeschlossenen Erwerbsgeschäfte zu Gute. Das eingebrachte Gut der Frau ist Vermögen der Frau, aber von ihrem Vorbehaltsgut scharf getrennt, die Konkursmasse gehört nach wie vor dem Gemeinschuldner, aber sie ist von seinem sonstigen Vermögen durchaus abgesondert u. s. w. Diese Bildung von Sondervermögen geschieht selbstverständlich zu bestimmten – verschiedenartigen — Zwecken;

Anm. 10. Nach ihm ist der Zwangsverwalter nicht bloßer Vertreter des Schuldners oder der Gläubiger, sondern ähnlich wie ein Konkursverwalter öffentlich-rechtliches Organ.

das eingebrachte Gut der Frau soll den Zwecken der Ehe dienen, die Einleitung der Konkurs- oder der Zwangsverwaltung erfolgt zur Befriedigung der Gläubiger, durch die Ernennung eines Testamentsvollstreckers will der Erblasser die Ausführung seines letzten Willens sichern u. s. w. Um die Absonderung durchzuführen, muß unter Umständen auch der Weg des Prozesses beschritten werden. Es wird beispielsweise auf Feststellung der Zugehörigkeit eines Vermögensstücks zur Konkursmasse oder zum Nachlaß geklagt oder es wird gegen eine Schmälerung des Sondervermögens durch den Eigenthümer im Wege der Klage vorgegangen, so wenn der Konkursverwalter Rechtshandlungen des Gemeinschuldners anficht (KO. §§ 29 ff.), oder wenn der Zwangsverwalter die dem betreibenden Gläubiger gegenüber bestehende Unwirksamkeit der Mieth- und Pachtzahlungen sowie der Zahlungen auf wiederkehrende Leistungen geltend macht.[1]) Es ist richtig, daß in allen diesen Fällen der Vertreter Befugnisse hat, die dem Vertretenen fehlen, was dem Reichsgericht in der oben angeführten Entscheidung mit der Annahme einer Vertretung des Gemeinschuldners durch den Konkursverwalter besonders unvereinbar erscheint. Indessen erklärt sich diese eigenthümliche Erscheinung eben einfach aus der strengen Abscheidung des von dem Vertreter verwalteten Sondervermögens, über das er allein unter Ausschließung des Eigenthümers Verfügungsmacht hat, und daraus, daß diese Absonderung äußerstenfalls im Wege des Prozesses durchgeführt werden muß, den dann naturgemäß nur der Verwalter dieses Sondervermögens führen kann.

Ob die in Rede stehenden Verwalter gesetzliche Vertreter der Vermögenseigenthümer im Sinne der CPO. sind, kann zweifelhaft sein. Dem Wortlaut der CPO. entspricht dies keinesfalls. § 51 derselben kennt, ebenso wie das bürgerliche Recht, gesetzliche Vertreter nur für nicht prozeßfähige Parteien; um solche handelt es sich hier aber durchweg nicht, auch der Konkursschuldner ist vollkommen prozeßfähig. Die im § 51 zu Tage tretende Auf-

1) Zwangsverst.Ges. § 152, und Th. Wolff, Kommentar Bemerkung 2 hierzu.

fassung wird durch die sonstigen Bestimmungen der CPO. lediglich bestätigt, überall wird eine gesetzliche Vertretung nur für prozeßunfähige Parteien anerkannt. Aber die CPO. kennt nur zwei Arten von Vertretung: Vollmacht und gesetzliche Vertretung. Daß diese Alternative durchaus unzureichend ist, wird die bisherige Untersuchung gezeigt haben, die noch manche Art der Vertretung außer der Vollmacht und der gesetzlichen Vertretung ergeben hat. Da die CPO. nun aber einmal nur diese beiden Arten der Vertretung kennt, und es sich in den vorliegenden Fällen jedenfalls nicht um Bevollmächtigungen handelt, so bleibt nichts übrig, als in Uebereinstimmung mit der herrschenden Meinung, aber gegen den Wortlaut des Gesetzes, gesetzliche Vertretung anzunehmen.[1])

Nach Abscheidung dessen, was nicht Vollmacht ist, läßt sich von der Vollmacht selber sprechen.

Die Bevollmächtigung braucht nicht ausdrücklich zu erfolgen. Der Vollmachtgeber braucht nicht zu sagen oder zu schreiben: Ich bestelle Dich oder ich bestelle den N. N. zum Bevollmächtigten. Eine Bevollmächtigung liegt auch dann vor, wenn der eine den anderen durch Rechtsgeschäft in eine Stellung versetzt, mit der eine Vertretung des ersten regelmäßig verbunden ist.[2]) Beispiele sind etwa das Engagement einer Hausdame, eines Dienstboten, eines Gutsinspektors, eines Kellners und vieler anderer Gewerbegehülfen. Das Engagement einer Hausdame ist unzweifelhaft ein Rechtsgeschäft, durch dieses Rechtsgeschäft wird der Engagirten auch eine Vertretungsmacht ertheilt, es liegt also eine Bevollmächtigung vor. Ebenso verhält es sich mit der Anstellung solcher Staats- oder Gemeindebeamten, die ermächtigt sind, den Staat, die Gemeinde auch in privatrechtlicher Beziehung zu ver-

1) Daß sich aus dieser Auffassung keine Schwierigkeiten für die Vernehmung des Gemeinschuldners als Zeugen ergeben, hat R. Schmidt in seinem so förderlichen Lehrbuch des Civilprozeßrechts S. 476 ff. völlig überzeugend bewiesen. Seine Ausführungen wirken geradezu wie eine Erlösung. Es wäre sehr zu wünschen, daß die Praxis ihnen folgte.

2) Vgl. Rehbein, Kommentar Bd. 1 S. 262.

treten. Man denke an Vorsteher von Kranken- oder Gefängniß-anstalten, die etwa Lieferungsverträge für den Staat abzuschließen haben, an Eisenbahnschaffner, Post- und Telegraphenbeamte u. a. m. Unzweifelhaft ist die Anstellung eines Beamten ein Rechtsgeschäft und auf dieser Anstellung und nur auf ihr beruht die Vertretungsmacht des Beamten. Es liegt also auch in der Anstellung von Beamten in vielen Fällen eine Vollmachtertheilung. Soweit darf man freilich nicht gehen, jede rechtsgeschäftliche Begründung eines Verhältnisses, in welchem der eine Theil zur Vertretung des anderen befugt ist, als Ertheilung einer Vollmacht aufzufassen. Das Gesetz verlangt, daß die Vertretungsmacht durch Rechtsgeschäft ertheilt ist, das Rechtsgeschäft muß also bezwecken, wenigstens auch bezwecken, eine Vertretungsmacht zu begründen. Andernfalls müßte man auch die Schlüsselgewalt der Frau und die gesetzliche Vertretung des angenommenen Kindes durch den Adoptivvater auf eine Vollmacht zurückführen. Denn auch hier liegen Rechtsgeschäfte vor, die Eheschließung, der Adoptionsvertrag, auf den durch sie geschaffenen Rechtsverhältnissen, auf der Ehe, der elterlichen Gewalt des Adoptivvaters, beruht die Vertretungsmacht der Frau, des Adoptivvaters. Aber dies sind unnatürliche Auffassungen. Es ist vielmehr das Gesetz, welches hier die Vertretungsmacht gewährt, das Rechtsgeschäft ist nur die Voraussetzung dafür, daß das Gesetz eingreifen kann, ganz ebenso wie die Geburt eines ehelichen Kindes die Voraussetzung dafür ist, daß die gesetzliche Vertretung des ehelichen Vaters eintreten kann.

Unbedenklich darf man ferner die Bestellung des Vorstandes oder eines sonstigen verfassungsmäßigen Vertreters eines rechtsfähigen Vereins, einer Stiftung, einer Aktiengesellschaft, einer eingetragenen Genossenschaft als Vollmachtertheilung auffassen. Daß die Bestellung eines Vorstandes nothwendig ist, ist hierbei ohne Bedeutung. Denn der im einzelnen Fall zum Vorstand Bestellte verdankt seine Vertretungsmacht eben der Bestellung, einem unzweifelhaften Rechtsgeschäfte. Auch die Vertretung durch Anwälte im Anwaltsprozeß ist eine nothwendige, der bestellte Anwalt aber unbestritten ein Bevollmächtigter.[1]) Gleiches gilt von den geschäftsführenden Gesellschaftern der Gesellschaft mit beschränkter Haftung, da auch ihre Vertretungsmacht auf einer Bestellung beruht (§ 6 des Ges. betr. die Gesellschaften mit beschränkter Haftung). Eine Bevollmächtigung liegt auch dann vor, wenn bei einer Gesellschaft des bürgerlichen Rechts einem Gesellschafter durch den Gesellschaftsvertrag die Befugniß zur Geschäftsführung übertragen ist; denn insoweit ist er im Zweifel auch ermächtigt, die anderen Gesellschafter Dritten gegenüber zu vertreten (BGB. § 714)[2]) Dagegen beruht die Vertretungsmacht der offenen Handelsgesellschafter auf Gesetz,[3]) ebenso diejenige der persönlich haftenden Gesellschafter bei der Kommanditgesellschaft.

Mit der Frage nach der Entstehung der Vertretungsmacht darf diejenige nach ihrem Umfange nicht vermengt werden.[4]) Das will sagen: Es ist denkbar, daß die Vertretungsmacht unmittelbar auf Gesetz oder auf obrigkeitlicher Bestellung beruht, und dennoch der Umfang der Vertretungsmacht durch den Willen des Vertretenen bestimmbar ist. Es giebt andererseits Fälle, in denen die Vertretungsmacht durch Vollmacht begründet und dennoch ihr Umfang ein für alle Male durch das Gesetz festgesetzt ist, theils in dispositiver, theils sogar in zwingender Weise. Das erste ist selten, denn es liegt in der Natur der Sache, daß das Gesetz, wenn es eine Vertretung einrichtet, zugleich deren

1) Das ROHG. (Entsch. Bd. 5 S. 211) stellt in Abrede, daß der Vorstand eines Vereins als sein Beauftragter anzusehen sei, er soll ein verfassungsmäßiges Organ des Gesammtwillens der Vereinsmitglieder, der Repräsentant des Vereins sein. Vgl. hiergegen Mitteis, Stellvertretung S. 192 Anm. 223. In der That ist die Deduktion des ROHG. für das neue Recht überflüssig. Soweit dadurch der Umfang der Vertretungsmacht des Vereinsvorstandes festgestellt werden soll, hat BGB. § 26 die Frage erledigt. Die Auffassung des Vorstandes als Vereinsorgans ist ferner oft verwerthet worden, um die Haftung des Vereins für Delikte des Vorstandes zu beweisen. Diese Frage entscheidet jetzt § 31 BGB. Für das neue Recht ist es also ausreichend, den Vorstand als einen Bevollmächtigten des Vereins anzusehen. Anders indessen Zitelmann, Allg. Theil S. 120.

2) Ebenso Planck, Kommentar zu § 714.

3) Vgl. K. Lehmann, Kommentar zu § 125 HGB. Nr. 1 u. 2. Unrichtig ROHG. Entsch. Bd. 23 S. 348.

4) Dies thut Rehbein, Kommentar S. 250.

Umfang vorschreibt. Eine Ausnahme macht § 1357, der Mann kann die Schlüsselgewalt der Frau beschränken oder ausschließen. Fälle der zweiten Art sind dagegen häufig und praktisch sehr wichtig. Aus dem BGB. gehört dahin der folgende: Der Vorstand eines Vereins oder einer Stiftung vertritt die juristische Person gerichtlich und außergerichtlich, er hat die Stellung eines gesetzlichen Vertreters (§§ 26, 86). Seine Vertretungsmacht ist also eine unbeschränkte. Indessen kann ihr Umfang durch die Satzung mit Wirkung gegen Dritte beschränkt werden.[1]) Wichtiger noch sind die Fälle des HGB. Sie sind überwiegend zwingenden Rechtens, d. h. der gesetzliche Umfang der Vollmacht kann vom Vertretenen nicht mit Wirkung gegen Dritte beschränkt werden. Dies gilt zunächst vom Prokuristen (HGB. § 50). Jede Beschränkung des Umfanges seiner Vollmacht ist Dritten gegenüber unwirksam; auch solche Dritte, die die Beschränkung gekannt haben, brauchen sie nicht gegen sich gelten zu lassen. Anders stehen dagegen die Handlungsbevollmächtigten einschließlich der Handlungsreisenden und der in einem Laden oder offenen Waarenlager Angestellten. Auch der Umfang ihrer Vollmacht ist gesetzlich festgelegt, aber Beschränkungen sind zulässig, die freilich Dritte nur dann gegen sich gelten zu lassen brauchen, wenn sie sie kannten oder kennen mußten. Unrichtig ist hier die Auffassung des ROHG. (Entsch. Bd. 23 S. 348), wonach der Umfang der Handlungsvollmacht vom Prinzipal bestimmt wird, aber Präsumtionen für einen gewissen Umfang bestehen. Denn es kommt auf eine bloße Fiktion hinaus, den im § 54 HGB. angegebenen Umfang der Vollmacht auf den Willen des Prinzipals zurückzuführen. Handlungsbevollmächtigte sind auch die zum festen Abschluß von Geschäften ermächtigten Handlungsagenten.[2]) Auch für sie gilt also das Gesagte, eine besondere Bestimmung über den Umfang ihrer Vollmacht enthält der § 86 HGB. Unbeschränkbar ist die Vollmacht des Vorstandes einer Aktiengesellschaft (HGB. § 235 Abs. 2), des Geschäftsführers einer Gesellschaft mit beschränkter Haftung (§ 37 Abs. 2 des Ges.

1) Für eingetragene Vereine vgl. § 70 BGB.
2) Denkschr. zum Entw. eines HGB. S. 75.

vom 20. April 1892), des Vorstandes einer eingetragenen Genossenschaft (Genossenschaftsges. § 27). Einen gesetzlichen Umfang hat auch die Vertretungsmacht des Korrespondentrheders (HGB. § 493), sie ist indessen beschränkbar, doch kann die Beschränkung Dritten nur entgegengesetzt werden, wenn sie ihnen zur Zeit des Abschlusses des Geschäfts bekannt war (das. § 495). Dasselbe gilt vom Schiffer eines Seeschiffes, sofern sich das Schiff außerhalb des Heimathshafens befindet (HGB. §§ 527 bis 531), sowie vom Schiffer eines Binnenschiffes, wenn das Schiff weder am Heimathsorte noch an einem Orte liegt, an welchem der Schiffseigner eine Geschäftsniederlassung hat (Binnenschifffahrtsges. §§ 15 ff.).

Einen gesetzlichen Umfang hat ferner die einem Rechtsanwalt ertheilte Prozeßvollmacht (CPO. § 81). Eine Beschränkung desselben hat dem Gegner gegenüber nur insoweit rechtliche Wirkung, als die Beschränkung die Beseitigung des Rechtsstreits durch Vergleich, Verzicht oder Anerkennung betrifft (das. § 83 Abs. 1); Kenntniß des Gegners spielt keine Rolle. Einen gesetzlichen Umfang hat endlich auch die Vollmacht des Gerichtsvollziehers (CPO. §§ 754, 755), dessen rechtliche Stellung sich freilich in der eines Gläubigervertreters nicht erschöpft. Er ist ermächtigt zur Vornahme der Zwangsvollstreckung, zur Empfangnahme von Zahlungen und sonstigen Leistungen, zur Quittungsertheilung für den Gläubiger, zur Auslieferung der vollstreckbaren Ausfertigung an den Schuldner. Eine Einschränkung dieser Befugnisse kann der Gläubiger dem Schuldner und Dritten gegenüber nicht geltend machen.

§ 2. Ertheilung der Vollmacht.

Die Ertheilung der Vollmacht bedarf keiner Form, sie erfolgt entweder durch Erklärung gegenüber dem zu Bevollmächtigenden [1]) oder durch Erklärung gegenüber dem Dritten, dem gegenüber

1) Endemann, Einführung Bd. 1 § 81 S. 349, behauptet, daß in dem internen Vorgange der Erklärung an den Bevollmächtigten eine vollwirksame Vollmacht noch nicht liegen könne, der Vertreter vielmehr zuvörderst dem Dritten seine

die Vertretung stattfinden soll (BGB. § 167). Es genügt also in beiden Fällen die einseitige Erklärung des Vollmachtgebers. Diese Erklärung ist etwas sehr Eigenartiges. Sie gewährt dem Bevollmächtigten kein Recht und sie begründet für ihn keine Pflicht. Man darf sich hier nicht durch den Schein täuschen lassen. Wenn ich einen Anderen ermächtige, eine Zahlung von meinem Schuldner entgegenzunehmen, um etwa das Eingenommene für sich zu behalten, so besteht hier natürlich ein Recht dieses Anderen; aber es besteht nicht darin, daß die von ihm abgegebene Willenserklärung für und gegen mich wirkt, daß mein Schuldner also durch die Zahlung an ihn befreit wird, es besteht demnach nicht in der rechtlichen Stellung des anderen als mein Vertreter. Wenn ich andererseits Jemanden als Handlungsreisenden engagire, so verpflichte ich ihn damit, in meinem Namen aufzutreten und mich hierdurch zu berechtigen. Aber die Pflicht des Anderen besteht wiederum nicht darin, mein Vertreter zu sein, d. h. zu bewirken, daß die von ihm abgegebenen Willenserklärungen für und gegen mich gelten. Die für den Reisenden begründete Verpflichtung ist für diese Wirkung ganz bedeutungslos, ob die Verpflichtung besteht oder ob sie nicht besteht, die Wirkung bleibt immer dieselbe. Das Gesetz hat dies alles richtig erkannt; es spricht nicht von einem Vertretungs*recht*, und nicht von einer Vertretungs*pflicht*, es spricht von einer Vertretungs*macht*. Die Erklärung des Vollmachtgebers gestattet dem Vertreter nicht ein Handeln*dürfen*, sondern ein Handeln*können*, sie gewährt ihm eine Erweiterung seiner rechtlichen *Fähigkeiten*, nicht seiner *Rechte*.

Der Vollmachtertheilung stellt es das Gesetz (§ 171) gleich, wenn der zu Vertretende durch *besondere Mittheilung an einen Dritten* oder durch *öffentliche Bekanntmachung* kund gegeben hat, daß er einen Anderen bevollmächtigt habe. Dieser Andere ist dann auf Grund der Kundgebung im ersteren Falle dem Dritten gegenüber, im letzteren Falle jedem Dritten gegenüber zur

Vertretungsmacht offenlegen müsse, indem er im Namen des Vertretenen handele. Zur Vollmacht gehöre auch hier, daß der Dritte volle Kenntniß erhalte. Dies dürfte dem Gesetz nicht entsprechen.

Vertretung befugt. Auch diese Kundgebung kann in beiden Fällen in beliebiger Form erfolgen. Es genügt auch, daß der Vertretene sich hierbei der Hülfe des Vertreters selber bedient.[1]) Denn natürlich kann der Vertretene die Mittheilung von der Bevollmächtigung nicht bloß persönlich oder brieflich, sondern auch mündlich durch einen Boten machen, und dieser Bote kann auch der Vertreter selber sein. Aber der Vertreter bedarf hierzu eines besonderen Auftrages; in der Vollmachtertheilung an und für sich liegt nicht schon zugleich die Ermächtigung, sie dem Dritten mitzutheilen. Ist thatsächlich Vollmacht ertheilt, so hat die Kundgebung für die Begründung der Vollmacht keine selbständige Bedeutung. Ist in Wirklichkeit nicht Vollmacht ertheilt, so besteht eine Vertretungsmacht kraft Gesetzes, denn die Kundgebung ist keine Willenserklärung, kein Rechtsgeschäft. In diesem Fall besteht die Vertretungsmacht auch dann, wenn der Dritte weiß, daß keine Vollmacht ertheilt ist. Die Kundgebung kann auch nicht deswegen angefochten werden, weil der Vertretene irrthümlicherweise das Bestehen einer Vollmacht angenommen hat; denn die Kundgebung begründet selbständig die Vertretungsmacht. Freilich kann auch die Kundgebung für sich auf Irrthum beruhen, und dann wird man doch wohl die Anfechtung auf Grund der §§ 119 ff. BGB. zulassen müssen. Strikt beweisen läßt sich dies freilich nicht, denn die Kundgebung ist wie gesagt keine Willenserklärung,[2]) aber die Anwendung der Analogie dürfte zulässig sein. Praktische Bedeutung hat die Frage übrigens erst, nachdem der Vertreter das Rechtsgeschäft, zu dem er nach der Kundgebung Vertretungsmacht hatte, abgeschlossen hat. Vorher kann der Vertretene bei der regelmäßigen freien Widerruflichkeit der Vertretungsmacht das Anfechtungsrecht entbehren. Ebenso wie mit der Anfechtung wegen Irrthums muß es sich mit der Geltendmachung anderer Willensmängel verhalten.

Der besonderen Mittheilung von der Bevollmächtigung steht es gleich, wenn der Vertretene dem Vertreter eine Vollmachtsurkunde ausgehändigt hat, und der Vertreter sie dem Dritten

1) Vgl. hierüber Hölder, Kommentar zu § 170 S. 368.

2) Anders Rehbein a. a. O. S. 264.

vorlegt. Auch hier braucht in Wirklichkeit eine Bevollmächtigung nicht zu bestehen.

Eine Vollmachtsertheilung liegt auch dann vor, wenn der Vertretene duldet, daß sich ein Anderer als sein Bevollmächtigter gerirt. Bekannt ist die Entscheidung des Reichsgerichts vom 5. November 1879 (Entsch. Bd. 1 S. 8).[1] Hier hatte der die Vertretung Ausübende die meisten Geschäftsbriefe des Beklagten einschließlich derjenigen, welche verpflichtende Erklärungen enthielten, mit dem Namen des Beklagten, und zwar regelmäßig unter Vorsetzung eines p., theils mit theils ohne Beifügung seines Namens, unterschrieben. Da dies unter den Augen des Beklagten geschehen war, so kam das Reichsgericht zu dem Ergebnisse: Ließ der Beklagte es zu, daß T. sich als Handlungsbevollmächtigter gerirte, so ist darin in Ermangelung besonderer Umstände eine stillschweigende Bestellung desselben zum Handlungsbevollmächtigten zu finden. Besondere Umstände, welche diese Annahme auszuschließen geeignet wären, hat aber der Beklagte nicht angeführt. — Der Anerkennung einer derartigen stillschweigenden Bevollmächtigung auch für das neue Recht steht der Wortlaut des § 167 nicht entgegen. Denn auch hier liegt eine Erklärung des Vollmachtgebers, wenn auch eben keine ausdrückliche vor. Abgegeben wird diese Erklärung gegenüber dem Dritten, dem gegenüber die Vertretung stattfinden soll. Eine bloße Kundgebung (§ 171) wird hier nicht anzunehmen sein, denn man kann doch wohl nicht gut von einer stillschweigenden Kundgebung reden. Der Begriff der stillschweigenden Erklärung dagegen, sowenig einwandsfrei er sein mag, ist hergebracht, und die Sache selbst ist praktisch unentbehrlich.

Freilich darf man mit dem Begriff der stillschweigenden Bevollmächtigung keinen Mißbrauch treiben. Dies geschieht, wenn man annimmt,[2]) daß ein Kaufmann, der Telephonanschluß hat, durch diese Einrichtung alle seine Angestellten zur Abgabe der-

1) Vgl. ferner ROHG. Entsch. Bd. 9 S. 104, 11 S. 32, 13 S. 212, neuestens RG. Entsch. Bd. 43 S. 188.

2) Vgl. die in Goldschmidt's Zeitschr. Bd. 40 S. 150 mitgetheilten Entscheidungen des LG. Berlin I und des OLG. Braunschweig.

jenigen Erklärungen bevollmächtige, welche sie thatsächlich durch das Telephon abgeben. Die Begründungen der Gerichte, welche diese Ansicht vertreten haben, sind mehr als fadenscheinig. In einer Entscheidung des Landgerichts Berlin I heißt es: Es muß nach Analogie des Art. 50 angenommen werden, daß derjenige Angestellte in einem Geschäft, welcher eine telephonische Erklärung entgegennimmt und beantwortet, dazu kraft seiner Anstellung von dem Geschäftsherrn ermächtigt ist und diesen hierdurch verpflichtet. Diese Deduktion zeigt nur, welcher Unfug bisher mit Hülfe des Wortes Analogie verübt worden ist. Das Oberlandesgericht Braunschweig stellt „unbedenklich“ den Satz auf, daß, wer in seinem Geschäftslokale ein Telephon hält und sich desselben zu geschäftlichen Mittheilungen bedient, damit jedenfalls stillschweigend die Erklärung abgiebt, daß während der Geschäftsstunden kein Unberufener sich desselben bedienen werde, so daß also jedes andere Geschäft, welches während der Geschäftsstunden mit jenem in eine telephonische Unterhaltung eintritt, davon ausgehen darf, daß Niemand ohne Ermächtigung des Inhabers sich des Telephons bediene. Ein derartiger Schutz des guten Glaubens Dritter ist aber sowohl dem alten als auch dem neuen Recht gänzlich unbekannt. Staub,[1] der sich merkwürdiger Weise dieser Ansicht angeschlossen hat, nimmt eine dem Personal ertheilte Vollmacht zur Abgabe solcher Erklärungen an, deren Abgabe durch das Telephon nicht dem Geschäftsgebrauch widerspricht. An Gründen fehlt es auch ihm. „Würde man dies nicht annehmen, so müßte der andere Theil die Gefahr mangelnder Legitimation tragen, und das wäre unberechtigt; auch würde, wenn man sich auf telephonische Erklärungen nicht nach der Richtung verlassen dürfte, daß dieselben auch den Prinzipal binden, das Telephon derjenigen Bedeutung entkleidet werden, welche ihm im geschäftlichen Leben thatsächlich beigemessen wird.“ Es sind dies Billigkeitserwägungen, die nichts Zwingendes haben. Eine Bevollmächtigung erfordert den Willen

1) Kommentar zu § 54 HGB. Anm. 11. Dort auch die Dissentienten; zu ihnen tritt K. Lehmann, Kommentar zu § 54 HGB. Nr. 6.

des Prinzipals, durch den Bevollmächtigten vertreten zu werden. Gewiß aber hat der Prinzipal nicht den Willen, durch seinen Hausdiener, Austräger, Portier, die alle zu seinem Personal gehören, zwar nicht generell, wohl aber durch das Telephon vertreten zu werden. Wenn der Prinzipal ein Telephon in seinem Geschäftslokal anbringen läßt, so ernennt er damit keine neuen Bevollmächtigten, sondern er erleichtert nur den bisherigen ihre Vertretung. Auch die Staub'sche Ausführung setzt einen Schutz des guten Glaubens der Dritten voraus, von dem das Gesetz durchaus nichts weiß.

Die Ertheilung der Vollmacht ist auch für ihren Umfang maßgebend, dies selbstverständlich, soweit nicht das Gesetz den Umfang der Vollmacht vorschreibt. Daraus ergiebt sich: Wird die Vollmacht durch Erklärung gegenüber dem zu Bevollmächtigenden ertheilt, so ist diese Erklärung maßgebend. Liegt eine Vollmachtsertheilung durch Erklärung gegenüber dem Dritten vor, so kommt es auf diese Erklärung an. Fehlt es an einer Vollmachtsertheilung, ist aber die Vertretungsmacht durch besondere Mittheilung an einen Dritten oder durch öffentliche Bekanntmachung kund gegeben worden, so bestimmt sich der Inhalt der Vertretungsmacht nach dieser Kundgebung. Dies alles ist einfach und klar. Komplikationen treten aber dann ein, wenn die Vertretungsmacht auf mehrfache Art begründet wurde. Ich will nur folgende praktisch bedeutsamen Kombinationen hervorheben.

a) Die Vollmacht ist durch Erklärung gegenüber dem zu Bevollmächtigenden ertheilt; hiervon ist dem Dritten, dem gegenüber die Vertretung stattfinden soll, Mittheilung gemacht worden. Giebt hier die Mittheilung einen geringeren Umfang der Vollmacht an, als die Erklärung an den Vertreter, so ist die letztere maßgebend. Denn durch die Vollmacht ist dem Vertreter eine Vertretungsmacht bestimmten Umfanges zutheil geworden. Handelt er innerhalb dieser Vertretungsmacht, so wirken die von ihm im Namen des Vertretenen abgegebenen Willenserklärungen unmittelbar für und gegen den Vertretenen (§ 164 a. A.). Eine Ueberschreitung der Vollmacht liegt nicht vor. Gegen diese Auffassung könnte man versucht sein,

l. 17 § 4 D. de instit. a. 14, 3 anzuführen[1]): „Proculus ait, si denuntiavero tibi, ne servo a me praeposito crederes, exceptionem dandam: si ille illi non denuntiaverit, ne illi servo crederit.“ Indessen handelt es sich hier nicht um einen Bevollmächtigten, sondern um einen Institor, also um einen Vertreter, dessen Vertretungsmacht einen gesetzlich bestimmten aber durch den Prinzipal abänderlichen Umfang hat. Liegt freilich in der Mittheilung an den Dritten ein theilweiser Widerruf der Vollmacht, so ist die Mittheilung maßgebend. Uebrigens wird die ganze Frage nicht eben oft praktisch werden, denn der Dritte wird sich mit dem Bevollmächtigten nicht leicht anders als nach Maßgabe der Mittheilung einlassen.

Wichtiger ist das umgekehrte Verhältniß. Die Mittheilung giebt den Umfang der Vollmacht als weiter an, als dies in Wirklichkeit der Fall ist. Es ist beispielsweise Jemandem Vollmacht ertheilt worden, das Grundstück des X. für höchstens 10000 M. zu erstehen, dem X. aber zwar von der Bevollmächtigung, nicht aber von dem Preislimitum Mittheilung gemacht worden. Dann ist die Mittheilung maßgebend. § 171 Abs. 1 besagt, daß wenn Jemand durch besondere Mittheilung an einen Dritten kund gegeben hat, daß er einen Anderen bevollmächtigt habe, dieser auf Grund der Kundgebung dem Dritten gegenüber zur Vertretung befugt sei. Damit wird die Frage allerdings nicht unmittelbar entschieden, denn „auf Grund der Kundgebung“ ist immerhin nicht schlechthin gleichbedeutend mit „nach Maßgabe der Kundgebung“. Wohl aber liegt eine indirekte Entscheidung vor. Denn wenn die Kundgebung die Kraft hat, einem Nichtbevollmächtigten Vertretungsmacht zu verleihen, so muß sie erst recht die Kraft haben, eine vorhandene Vollmacht zu erweitern. Gerade diese Fälle der Erweiterung einer vorhandenen Vertretungsmacht werden das hauptsächliche Anwendungsgebiet des § 171 Abs. 1 bilden, Fälle, in denen ein überhaupt nicht Bevollmächtigter nach außen als Bevollmächtigter kund gegeben wird, verhältnißmäßig selten vorkommen. Freilich muß

---

1) Vgl. Seuffert's Arch. Bd. 40 Nr. 197.

man zusehen, ob die Kundgebung auch wirklich auf einen unbeschränkteren Umfang der Vollmacht geht. Der Fall kann nämlich auch so liegen, daß der Vollmachtgeber in seiner Mittheilung an den Dritten nur den Inhalt der Vollmacht wiedergeben will, hierbei aber Beschränkungen derselben als unerheblich oder aus Versehen verschweigt. In diesem Falle ist indessen keineswegs der Wille des Vertretenen ohne Weiteres maßgebend. Vielmehr ist dieser gerade bedeutungslos, denn die Kundgebung ist, wie gesagt, keine Willenserklärung. Es kommt vielmehr darauf an, ob die Mittheilung sich äußerlich, für den Dritten, als Mittheilung einer unbeschränkten Vollmacht darstellt. Ist dies nicht der Fall, so ist für den Umfang der Vertretungsmacht die Vollmacht, nicht die Mittheilung maßgebend. Ist es der Fall, so ist die Mittheilung maßgebend, doch wird man dem Vollmachtgeber dann immer noch eine Anfechtung gemäß § 119 BGB. gewähren dürfen, obgleich sich diese Vorschrift, wie gesagt, an sich nur auf Willenserklärungen bezieht.[1]) Bei der hier erforderlichen Auslegung sind naturgemäß die näheren Umstände der Mittheilung, ob sie mündlich oder schriftlich erfolgte, ob gelegentlich oder ex professo, sehr zu berücksichtigen.

Genau ebenso ist zu entscheiden, wenn die Vertretungsmacht nicht durch besondere Mittheilung an einen Dritten, sondern durch öffentliche Bekanntmachung kundgethan ist.[2])

b) Die Ertheilung der Vollmacht erfolgt durch Erklärung gegenüber dem zu Bevollmächtigenden, zugleich ist diesem eine Vollmachtsurkunde ausgehändigt worden, die er dann dem Dritten vorgelegt hat. Die Entscheidung kann nicht anders ausfallen als bei der soeben beschriebenen Kombination. Nur wird hier die Frage, ob die Vollmachtsurkunde wirklich einen weiteren Umfang der Vollmacht angiebt als die Vollmacht selber, oder ob sie nur unvollständig ist, nicht so leicht entstehen. Man wird regelmäßig das erstere annehmen müssen. Die Vollmacht muß in

1) Vgl. hierzu Zitelmann, Die Rechtsgeschäfte im Entwurf Theil 2 S. 100.

2) Ein derartiger Fall in Seuffert's Arch. Bd. 12 Nr. 60.

Urschrift vorgelegt werden, Vorlegung einer Kopie genügt nicht.[1]) Hat der Vollmachtgeber dem Bevollmächtigten eine Blankovollmacht ausgehändigt und ihm die Ausfüllung überlassen, so richtet sich die Vertretungsmacht des Bevollmächtigten auch dann nach der Urkunde, wenn er sich in ihr eine unbeschränktere Vertretungsmacht beigelegt hat, als sie dem Willen des Vollmachtgebers entspricht.[2]) Hat der Vertreter die Urkunde nicht ausgehändigt erhalten, sondern sie beispielsweise gestohlen, so ist die Urkunde für ihn keine Legitimation, der Dritte kann sich also an den Aussteller der Urkunde nicht halten. Ebenso ist zu entscheiden, wenn der Vertreter die ihm ausgehändigte Urkunde verfälscht hat. § 172 Abs. 1 setzt voraus, daß die ausgehändigte Vollmachtsurkunde dem Dritten vorgelegt wird, und hierbei kommt es natürlich nicht bloß darauf an, daß dasselbe Stück Papier vorgelegt wird, es muß auch denselben Inhalt haben, wie zur Zeit der Aushändigung.[3]) Weiß der Dritte, daß die Urkunde der Vollmacht nicht entspricht, so kann sich der Vertretene gegen ihn unter Umständen auf § 242 BGB. berufen:

> Der Schuldner ist verpflichtet, die Leistung so zu bewirken, wie Treu und Glauben mit Rücksicht auf die Verkehrssitte es erfordern.

Denn häufig wird es gegen Treu und Glauben sein, wenn der Dritte den Vertretenen bei der von ihm versehentlich ausgestellten Vollmachtsurkunde festhält. Läßt sich dies nicht sagen, so fragt es sich, ob der Vertretene dann nicht wenigstens ein Anfechtungsrecht wegen Irrthums hat. Auch hier ergeben sich wieder Schwierigkeiten, denn weder die bloße Aushändigung der Vollmachtsurkunde an den Vertreter, noch ihre Vorlegung an den Dritten dürften Rechtsgeschäfte, die §§ 119 ff. BGB. also

---

1) Ebenso Zitelmann, Rechtsgeschäfte S. 109, vgl. für das französische Recht Guillouard, traités des contrats aléatoires et du mandat. 2 éd. Par. 1894 Nr. 189.

2) Vgl. Preuß. ALR. I, 13 § 113, für das französische Recht Guillouard a. a. O. Nr. 191.

3) Ebenso das französische Recht, vgl. Guillouard a. a. O. Nr. 191.

nicht unmittelbar anwendbar sein. Auch hier dürfte indessen wiederum die analoge Anwendung zulässig und praktisch geboten sein; und zwar wird die Anfechtung sowohl gegenüber dem Vertreter als auch gegenüber dem Dritten erfolgen können. Das erstere darf angenommen werden nach Analogie des § 143 Abs. 3 BGB. (einseitiges Rechtsgeschäft, das einem Anderen gegenüber vorzunehmen war), das letztere mit Rücksicht darauf, daß die Vorlegung der Vollmachtsurkunde der besonderen Mittheilung der Bevollmächtigung durch den Vollmachtgeber gleichgestellt wird (§ 172 Abs. 1).[1]) Wird nicht Irrthum des Ausstellers der Vollmachtsurkunde, sondern ein anderer Willensmangel desselben behauptet, so gilt entsprechendes.

c) Dem Dritten ist vom Vertreter eine Vollmachtsurkunde, die dieser vom Vertretenen erhalten hat, vorgelegt worden; zugleich ist dem Dritten durch besondere Mittheilung des Vertretenen die Bevollmächtigung eröffnet worden; Urkunde und Mittheilung weichen von einander ab. Hier ist zu sagen: Soweit eine Vollmacht ertheilt ist (§ 167), ist der Vertreter jedenfalls innerhalb des ihm durch diese zugewiesenen Geschäftskreises zur Vertretung ermächtigt. Ist keine Vollmacht ertheilt oder überschreitet die Vollmachtsurkunde oder die Mittheilung die Grenzen der ertheilten Vollmacht, so wird die letzte Mittheilung an den Dritten entscheidend sein, erfolge sie nun durch Vorlegung der Vollmacht oder sonstwie. Denn in der späteren Mittheilung liegt eine Zurücknahme der ersten.

d) Hat der Vollmachtgeber geduldet, daß der Bevollmächtigte seine Vollmacht überschreitet, so ist diese Duldung maßgebend. Denn in ihr liegt die stillschweigende Ertheilung einer erweiterten Vollmacht.

Die Bestimmungen des BGB. über die Begründung der Vollmacht sind in keiner Beziehung Vorschriften zum Schutze des guten Glaubens Dritter. Wenn Jemand durch besondere Mittheilung an einen Dritten oder durch öffentliche Bekanntmachung kundgegeben hat, daß er einen Anderen bevollmächtigt habe, so ist

---

1) Vgl. zu diesen Fragen Zitelmann, Rechtsgeschäfte S. 100, 109.

dieser auf Grund der Kundgebung auch dann zur Vertretung ermächtigt, wenn der Dritte weiß oder wissen muß, daß der Vertreter nicht bevollmächtigt ist; § 173 bezieht sich nur auf den zweiten Absatz des § 171, die von Zitelmann[1]) seiner Zeit vorgeschlagene abweichende Regelung ist nicht Gesetz geworden. Wer ferner von einem Anderen eine Vollmachtsurkunde ausgehändigt erhält und diese dem Dritten vorlegt, ist für den Dritten auch dann Bevollmächtigter, wenn dieser weiß oder wissen muß, daß der Vertreter keine Vollmacht hat, § 173 bezieht sich nur auf § 172 Abs. 2. Was von dem Vorhandensein der Vollmacht gilt, gilt auch von ihrem Umfang; die Kundgebung resp. die Vollmachtsurkunde schützt auch denjenigen Dritten, der weiß oder wissen muß, daß der wirkliche Umfang der Vollmacht ein beschränkterer ist. Auf die Möglichkeit der Anfechtung der Ertheilung der Vertretungsmacht wegen Irrthums des Vertretenen ist hingewiesen worden.

Fehlt es aber an einer Kundgebung der Vertretungsmacht oder an der Aushändigung oder Vorlegung einer Vollmachtsurkunde, so ist für den Umfang der Vollmacht lediglich der Akt ihrer Ertheilung maßgebend, d. h. die Erklärung gegenüber dem Vertreter oder gegenüber dem Dritten, dem gegenüber die Vertretung stattfinden soll. Der Dritte darf sich nicht darauf verlassen, daß die Vollmacht einen bestimmten, etwa den regelmäßigen Umfang hat.[2]) Von irgend einem Schutz des guten Glaubens des Dritten ist auch hier keine Rede. Ist die Vollmacht durch Erklärung an den Vertreter ertheilt, so führt dies zu Resultaten, die praktisch bedenklich sind, und leicht einen Rückschritt gegen das alte Recht bedeuten können.

Der code civil besagt in Art. 1989: le mandataire ne

---

1) Rechtsgeschäfte S. 100.

2) So Cosack, Lehrbuch Bd. 1 § 67 S. 221. Hier heißt es: „Bei einer unüblichen Beschränkung der Vollmacht ist nicht bloß gleichfalls eine besondere Anordnung des Vollmachtsgebers nothwendig, sondern es ist außerdem nöthig, daß die Beschränkung dem Dritten, mit welchem der Vertreter in Verhandlung tritt, erkennbar war.“ Eine derartige Bestimmung wäre vielleicht wünschenswerth, aber das BGB. sagt davon kein Wort.

peut rien faire au delà de ce qui est porté dans son mandat. Aber die französische Jurisprudenz scheint darüber einig zu sein, daß dieser Satz sich auf das Verhältniß des Vertreters zu Dritten nicht bezieht, daß der Vertretene dem Dritten auch dann haftet, wenn der Vertreter seine Vollmacht überschritten hat, wenn er sich nur dem Anscheine nach (en apparence) innerhalb dieser Grenzen hielt.[1] Dabei wird allerdings in erster Linie an das Vorhandensein einer schriftlichen Vollmacht gedacht,[2] in welchem Falle sich auch nach dem Recht des BGB. befriedigende Resultate ergeben. Indessen doch keineswegs ausschließlich. Vorausgesetzt wird aber immer, daß der Dritte gutgläubig war, er muß sorgfältig Umfang und Zweck der Vollmacht prüfen. Dazu gehört auch, daß er sich die etwaige Vollmachtsurkunde vorlegen läßt; indessen wird ihm, wenn er es nicht thut, die Unterlassung dann nicht zum Vorwurf gemacht, wenn ihn der Vollmachtgeber selber veranlaßt hat, hiervon abzusehen und den Angaben des Bevollmächtigten über den Umfang der Vollmacht einfach zu glauben. Dies wird namentlich dann angenommen, wenn es sich um die Vollmacht eines Kommis oder Geschäftsvorstehers handelt; hier dürfen die Dritten eine Vertretungsmacht voraussetzen, die den Gewohnheiten des entsprechenden Hauses entspricht.[3] Die französische Praxis unterscheidet ebenfalls zwischen dem äußeren Scheine der Vollmacht, dem Eindruck, den die Vollmacht nach außen hervorruft, und einschränkenden Weisungen, die der Vertretene dem Vertreter gegeben hat, die dem Dritten aber unbekannt geblieben sind. Nur das erstere ist für die Haftung des Vertretenen gegenüber

1) So schon Pothier, traité du contrat de mandat Nr. 89, ebenso Troplong, du mandat Nr. 604, Pont, petits contrats tome 1 Nr. 1064, Guillouard a. a. O. Nr. 186ff.

2) So in dem immer wiederholten Beispiele Pothier's: Mein Bevollmächtigter soll für mich 300 Frs. entleihen, er thut es; hierauf nimmt er bei einem zweiten Darleiher unter Vorlegung der Vollmachtsurkunde noch einmal 300 Frs. in meinem Namen auf. Ich hafte auch dem zweiten Darleiher, vorausgesetzt, daß dieser die Erledigung der Vollmacht nicht kannte.

3) Guillouard a. a. O. Nr. 188.

dem Dritten maßgebend.[1]) So ist bei Entscheidung[2]) der Frage, in welchem Umfange der Vorsteher einer Filiale ermächtigt ist, den Prinzipal zu vertreten, auf den Aufdruck der Wechselformulare und des Briefpapiers Gewicht gelegt worden, welcher den Geschäftsinhaber und die Filiale sowie deren Leiter bezeichnete. Daraus wurde entnommen, daß der Filialvorsteher zu allen Geschäften ermächtigt sei, die das Bedürfniß der Filiale erfordern, und daß Einschränkungen dieser Vertretungsmacht, die der Prinzipal vorgenommen hatte, gegen den gutgläubigen Dritten nicht geltend gemacht werden könnten. Daß hier handelsrechtliche Verhältnisse in Frage stehen, fällt für das französische Recht nicht ins Gewicht. In der in Rede stehenden Entscheidung spielt übrigens ebenso wie in der Doktrin noch ein anderer Gedanke eine maßgebende Rolle, der nämlich, daß der Vertretene eine Unvorsichtigkeit begangen hat, indem er einer Person Vollmacht gab, die kein Vertrauen verdiente, und daß er für diese Unvorsichtigkeit büßen muß. Es wird also ein Verschulden des Vertretenen angenommen, was freilich in vielen Fällen auf eine bloße Fiktion hinauskommt.

Das gemeine Recht beruht auf der Lehre von der actio institoria, quasi institoria und exercitoria. Nach der herrschenden Meinung sind diese Klagen dem gemeinen Rechte fremd, aber treffend fügt Dernburg[3]) hinzu: „Dagegen sind die römischen Grundsätze über den Umfang der Vollmacht der Schiffer und Institoren auch im heutigen Recht für die Frage maßgebend, inwieweit der Angestellte seinen Prinzipal durch seine Gewerbsgeschäfte verbindet.“ Diese Grundsätze sind bekannt genug. Der Geschäftsherr haftet gutgläubigen Dritten aus allen Geschäften seiner Angestellten, zu denen diese üblicher Weise befugt sind, auch wenn das Geschäft besonderer Anweisung des Geschäftsherrn widerstreitet. Er haftet aus der praepositio, der Anstellung; es ist also maßgebend die Stellung, welche der Herr dem Faktor nach außen, gegenüber dem Publikum anweist. Soll die Vertretungsmacht eine beschränktere

1) Vgl. Sirey, recueil 1879 I S. 292.

2) Das. 1875 I S. 368.

3) Pandekten Bd. 2 § 13 a. E.

sein, so muß auch dieses nach außen kund gethan werden, und wie die l. 11 §§ 2 ff. D. de inst. a. 14,3 zeigen, nehmen es die Römer hiermit nicht leicht. Das römische Recht steht also auf dem Standpunkte, daß für die Vertretungsmacht des Bevollmächtigten durchaus seine Stellung nach außen maßgebend ist. Diese Grundsätze sind im gemeinen Recht durch die Bestimmungen des HGB. dem Anwendungsgebiete nach beschränkt worden. Auf nicht handelsrechtlichem Gebiete gelten sie aber auch nach gemeinem Recht.

Das Entscheidungsmaterial ist ein reiches, es genügt, einige Fälle anzuführen.[1] Die Fruchthändler S. und R. hatten von dem Verwalter des Hofgutes L. 200 Scheffel Dinkel gekauft; die Eigenthümer des Hofgutes auf Erfüllung des Vertrages in Anspruch genommen, verweigerten dieselbe, indem sie bestritten, daß sie durch einen solchen Vertrag ihres Gutsverwalters verpflichtet worden seien. Es erfolgte Verurtheilung.[2] Erwogen wurde, daß der Betrieb eines Landgutes in die Klasse der Gewerbe gehöre, und daß deshalb der Verwalter als ein institor anzusehen sei; weiter, daß dem Verwalter eines größeren Gutes, dessen Eigenthümer in einiger Entfernung von demselben wohne, die Befugniß zur Veräußerung von Früchten und namentlich von Getreide zustehen müsse. Thatsächlich war auch dem Verwalter in seiner Dienstinstruktion die Besorgung des Verkaufs der Gutserzeugnisse übertragen, aber freilich an erhebliche Beschränkungen, insbesondere an eine vorgängige Ermächtigung seitens der Eigenthümer geknüpft worden, die in dem vorliegenden Falle fehlte. Das Gericht sprach sich dahin aus, daß die Beschränkungen der Veräußerungsbefugniß Dritten gegenüber ohne Erheblichkeit seien, da sie nicht bekannt gemacht waren. Es sagt: „Es stimmen Theorie und Praxis in dem Satze überein, daß zwar der Geschäftsherr nur durch solche Verträge seines Geschäftsführers, welche ihrem Gegenstande nach zu dem dem letzteren übertragenen Geschäftskreise gehören, ver-

1) Vgl. außerdem etwa noch Seuffert's Arch. Bd. 12 Nr. 268, Bd. 14 Nr. 93.

2) Entsch. des Ob. Tribs. zu Stuttgart vom 26. November 1863 (Seuffert's Arch. Bd. 23 Nr. 227).

pflichtet werde, daß er aber unter dieser Voraussetzung unbedingt hafte, daß daher dem Geschäftsführer ertheilte Weisungen und Beschränkungen über die Art der Geschäftsführung innerhalb jenes Geschäftskreises im Falle der Nichtbeachtung durch den Geschäftsführer den Geschäftsherrn von seiner Haftung nur dann befreien, wenn sie dem Publikum gehörig bekannt gemacht wurden." — Sehr instruktiv ist dann der von dem obersten Landesgericht für Bayern am 6. Juli 1880 entschiedene Thatbestand.[1] Hier hatte der Leiter einer chirurgischen Universitätspoliklinik Anschaffungen gemacht, wegen deren die Universität belangt wurde. Diese bestritt ihre Verpflichtung, weil der Besteller durch jene Anschaffungen seinen Etat überschritten hatte. Es erfolgte in allen Instanzen Verurtheilung. Die Klage wurde als actio quasi institoria charakterisirt und angenommen, daß das dem Besteller ertheilte Mandat nach außen hin keinen anderen als den sich aus dem Zweck des Instituts ergebenden Beschränkungen unterliege, und daß die Festsetzung einer gewissen jährlichen Summe für die erforderlichen Anschaffungen im Etat als eine besondere, lediglich dem Mandatar gegenüber von dem Mandanten gegebene Weisung aufzufassen sei. Nach der Ansicht des Gerichts ist ausschließlich entscheidend, daß die Anschaffungen dem Inhalt der von der Beklagten ertheilten Vollmacht, sowie dieselbe in die äußere Erscheinung getreten ist, bezw. der Natur des dem N. übertragenen Geschäfts durchaus entsprochen haben.

Zu weit weniger befriedigenden Resultaten führt dagegen die Anwendung des BGB. Unzweifelhaft sind der Gutsinspektor und der Chirurg Vertreter, und zwar beruht ihre Vertretungsmacht auf einem Rechtsgeschäft, es liegt also Vollmacht vor. Die Vollmacht ist hier ausschließlich durch Erklärung gegenüber dem Vertreter ertheilt. Eine öffentliche Bekanntmachung oder private Mittheilung der Bevollmächtigung ist nicht erfolgt. Allerdings wird muthmaßlich die Ernennung des Chirurgen zum Leiter der Poliklinik in irgend einem amtlichen Blatte veröffentlicht worden

---

1) Seuffert's Arch. Bd. 36 Nr. 31.

sein. Aber es wäre Künstelei, hierin die öffentliche Bekanntmachung zu finden, daß der Staat „einen anderen bevollmächtigt habe". Uebrigens war in dem dargestellten Falle die Universität, nicht der Staat Verklagter, und von der Universität kann nicht einmal die Bekanntmachung der Ernennung ausgegangen sein. Es bemißt sich also der Umfang der Vollmacht ausschließlich nach der Erklärung des Vertretenen gegenüber dem Bevollmächtigten. Durch diese Erklärung war nun zwar der Gutsverwalter zum Verkauf von Gutserzeugnissen ermächtigt worden, aber nur unter bestimmten Bedingungen. Er sollte, dringende Fälle ausgenommen, wegen der Verkäufe im Allgemeinen stets vorher die erforderlichen Weisungen einholen, auf Grund derselben die Verhandlungen führen, in der Regel die Genehmigung der Gutsherrschaft vorbehalten. Speziell wegen des Verkaufs der Früchte war bestimmt, daß er sie zu laufendem Preise nach zuvor eingeholter Genehmigung zu verkaufen habe, ausgenommen solche Fälle, in welchen er ohne Verzug aber zu besonders günstigen Preisen veräußern könne. Alle diese Bestimmungen bildeten den Inhalt der Vollmacht, nach ihnen allen, nicht bloß nach einzelnen derselben, bemaß sich der Umfang der Vertretungsmacht des Inspektors. Daher wäre nach dem Recht des BGB. die Gutsherrschaft nur durch solche Verkäufe verpflichtet worden, die entsprechend den genannten Vorschriften abgeschlossen wurden; nach dem Recht des BGB. wäre also die Klage abzuweisen gewesen, es würde allein der Verwalter haften (§ 179 BGB.). Ebenso wäre der zweite Fall zu entscheiden gewesen. Der Chirurg hatte Vollmacht nicht zu Anschaffungen schlechthin, sondern nur zu Anschaffungen innerhalb seines Etats. Etatsüberschreitungen waren Ueberschreitungen seiner Vollmacht, aus denen die Universität nicht haftete. Allenfalls würde nach BGB. die Universität wegen ungerechtfertigter Bereicherung in Anspruch zu nehmen sein. Ich stelle noch einen anderen Fall zur Erwägung: Ich beauftrage meine Köchin, auf dem Wochenmarkte 4 Pfund Fische zu kaufen. Sie kauft 5 Pfund. Nach gemeinem Recht bin ich trotzdem gebunden. Nach dem Recht des BGB. bin ich nicht gebunden; ob überhaupt nicht oder wenigstens in Bezug auf die 4 Pfund entscheidet sich nach § 139.[1]) Allerdings haftet nach dem neuen Recht, soweit eine Ueberschreitung der Vollmacht vorliegt, dem Dritten der Vertreter. Aber auch diese Haftung ist oft eine ungenügende. Leicht kann es sein, daß der Bevollmächtigte keine Ahnung davon hat, daß er seine Vollmacht überschreitet; dann haftet er dem anderen Theil nur in Höhe des sog. negativen Vertragsinteresses, vgl. § 179 Abs. 2, also sehr unvollkommen.

Man wird kaum in Abrede stellen können, daß das neue Recht zu weniger angemessenen und befriedigenden Ergebnissen führen wird als das alte. Es fragt sich sogar, ob mit der Regelung des BGB. im praktischen Leben überhaupt auszukommen ist, und ob die Praxis nicht hin und wieder genöthigt sein wird, sich über die Vorschriften des BGB. einfach hinwegzusetzen.

§ 3. Erlöschen der Vollmacht.

Bei der Ertheilung der Vollmacht spielt der gute Glaube der Dritten keine Rolle. Anderes gilt für das Erlöschen der Vollmacht. Hier wird ein Schutz des guten Glaubens Dritter anerkannt. Aber er wird nicht durch eine generelle Bestimmung gewährt, so wie sie art. 2005 des code civil enthält:

> la révocation notifiée au seul mandataire ne peut être opposée aux tiers qui ont traité dans l'ignorance de cette révocation,[2])

oder wie sie Dernburg in seinen Pandekten[3]) für das gemeine Recht vertritt:

---

1) Ist ein Theil eines Rechtsgeschäfts nichtig, so ist das ganze Rechtsgeschäft nichtig, wenn nicht anzunehmen ist, daß es auch ohne den nichtigen Theil vorgenommen sein würde.

2) Vgl. hierzu schon Pothier a. a. O. Nr. 121, Troplong a. a. O. Nr. 817 ff., Guillouard a. a. O. Nr. 220.

3) Bd. 1 § 119 6. A. S. 277. Vgl. auch RG. Entsch. Bd. 35 S. 140: „Das Reichsgericht trägt kein Bedenken, . . . für das heutige gemeine Recht den Grundsatz festzustellen, daß das Erlöschen der Vollmacht, sei es durch Revokation, oder durch den Tod des Mandanten, bei Rechtsgeschäften, welche der Bevollmächtigte nach diesen Ereignissen eingeht, dem gutgläubigen Dritten nicht schadet," und hierzu Enneccerus, Das bürgerliche Recht S. 207.

Im Interesse der Sicherheit des Verkehrs sind Dritte, welche sich auf die Vollmacht verließen und deren Aufhebung entschuldbarer Weise nicht kannten, gegen hieraus erwachsende Nachtheile zu schützen.[1])

Die Regelung des BGB. ist vielmehr weit kasuistischer und wahrscheinlich unpraktischer.

1. Die Vollmacht ist nur durch Erklärung gegenüber dem zu Bevollmächtigenden ertheilt, eine Kundgebung der Bevollmächtigung Dritten gegenüber ist nicht erfolgt, auch eine Vollmachtsurkunde nicht vorgelegt worden. In diesem Falle kann die Vollmacht nach dem Gesetz auf zweifache Art erlöschen. Einmal mit dem ihrer Ertheilung zu Grunde liegenden Rechtsverhältnisse, beispielsweise, wenn der Dienstbote, der Handlungsgehülfe, der Beamte, die Kraft ihres Dienstverhältnisses Bevollmächtigte sind, entlassen werden. Von einem Schutz des guten Glaubens Dritter ist hier keine Rede. Läßt sich Jemand mit dem von mir entlassenen Dienstboten ein, der in meinem Namen mit ihm ein Geschäft abschließt, so kann er sich nicht an mich halten, auch wenn er die Entlassung weder kannte noch kennen mußte. Die Vollmacht erlischt hier weiter durch Widerruf, der auch beim Fortbestehen des der Vollmacht zu Grunde liegenden Rechtsverhältnisses jederzeit zulässig ist, sofern sich nicht aus diesem ein Anderes ergiebt. Da auf die Widerrufserklärung die Vorschrift des § 167 Abs. 1 entsprechende Anwendung finden soll, so muß es jedenfalls genügen, daß wenn die Vollmacht durch Erklärung gegenüber dem Bevollmächtigten ertheilt ist, der Widerruf in derselben Weise erfolgt.[2]) Auch hier werden gutgläubige Dritte nicht geschützt. Wird beispielsweise einem Gutsverwalter, dem bisher auch der Verkauf der Feldfrüchte oblag, diese Befugniß vom Gutseigenthümer entzogen, und schließt er trotzdem noch Verkäufe ab, so wird der Gutsherr durch sie nicht verpflichtet. Mit Recht hat aber Enneccerus[3]) darauf

---

1) Nicht so weit gehend Preuß. ALR. I, 13 §§ 167, 168.

2) Natürlich genügt es aber auch, wenn der Widerruf durch Erklärung gegenüber dem Dritten erfolgt; ebenso Planck, Kommentar zu § 168 Note 4.

3) Das bürgerliche Recht S. 204.

aufmerksam gemacht, daß die Fassung des Gesetzes nicht erschöpfend ist. Die Vollmacht erlischt nicht bloß mit dem zu Grunde liegenden Rechtsverhältnisse und durch Widerruf, sondern vor Allem auch gemäß ihrem eigenen Inhalt. Es steht beispielsweise nichts im Wege, einen Bediensteten auf ein Jahr anzustellen, seine Vollmacht aber auf vier Wochen zu beschränken. Dann erlischt die Vollmacht eben mit dem Ablauf der vier Wochen. Auch hier ist von einem Schutz des guten Glaubens Dritter keine Rede. Liegt der Ertheilung der Vollmacht kein anderes Rechtsverhältniß zu Grunde,[1]) so erlischt die Vollmacht entweder gemäß ihrem Inhalt oder durch Widerruf.

Man vergegenwärtige sich dem gegenüber etwa die Bestimmungen des römischen Rechts über den Inkassomandatar. § 10 J. de mand. 3,26 besagt, daß, wenn der Rechnungsführer des Titius freigelassen ist, die Schuldner des Titius aber, die hiervon keine Kenntniß haben, noch an den Freigelassenen zahlen, sie von ihrer Schuld befreit werden. Dabei hebt der Kaiser hervor, daß dies der stricta juris ratio allerdings nicht entspreche. l. 51 D. de solut. et lib. 46,3 handelt von einem Rechnungsführer, der ohne Wissen der Schuldner von der Geschäftsführung entfernt worden ist. Auch hier wird entschieden, ihm werde richtig gezahlt, denn es werde gezahlt ex voluntate domini, „quam si nescit mutatam qui solvit liberatur". Schließlich vergleiche man die l. 34 § 3 eod.: Ich habe den Titius zu meinem Generalbevollmächtigten ernannt, später aber die Vollmacht ohne Wissen meiner Schuldner widerrufen. Wenn diese nun zahlen, so werden sie befreit; „denn wenn Jemand einen Anderen zum Generalbevollmächtigten bestellt, so wird angenommen, daß er damit auch seine Schuldner anweist, dem Generalbevollmächtigten zu zahlen". Man muß einräumen, daß die Begründungen nicht überzeugend sind, aber die Entscheidungen selber treffen praktisch gewiß das Richtige. Nach dem neuen Recht ist nicht zu so angemessenen Resultaten zu gelangen. Uebertragen wir den in der ersten Stelle enthaltenen

---

1) Enneccerus a. a. O., Hölder, Kommentar zu § 168 Anm. 2.

Thatbestand ins Moderne, so haben wir den Fall des § 168 Satz 1. Das der Ertheilung der Vollmacht zu Grunde liegende Rechtsverhältniß, die Sklaverei, ist erloschen, damit ist nach dem Recht des BGB. auch die Vollmacht erloschen. Die Schuldner des Herrn, die jetzt noch zahlen, würden also nach dem Recht des BGB. nicht befreit werden. In den beiden anderen Stellen handelt es sich um den Widerruf der Vollmacht durch Erklärung gegenüber dem Bevollmächtigten; auch hier würden nach dem Recht des BGB. die Schuldner nicht befreit werden, ihr guter Glaube ihnen nichts nützen. Dabei setze ich voraus, daß in den Fällen des corpus juris die Vollmacht durch Erklärung gegenüber dem Vertreter ertheilt war, was wohl vorausgesetzt werden darf. Nach dem Recht des BGB. wird also der Schuldner gut thun, an den angeblichen Bevollmächtigten seines Gläubigers nur nach Vorlegung einer Vollmachtsurkunde (§ 172) oder gegen Quittung des Gläubigers zu zahlen (§ 370).[1] Daß der Vertreter den von dem Schuldner seiner Zeit ausgestellten Schuldschein im Besitze hat, genügt nicht.[2]

2. Die Vollmacht ist durch Erklärung gegenüber dem Dritten ertheilt, dem gegenüber die Vertretung stattfinden soll.[3] Hier erlischt die Vollmacht durch Widerruf gegenüber dem Dritten, da-

1) Rehbein, Kommentar Bd. 1 S. 273, behauptet entsprechend dem preußischen Rechte (ALR. I, 13 §§ 167, 168): „Die Sache kann sich aber so gestalten, daß der Machtgeber, sobald er durch Verhandeln des Bevollmächtigten mit dem Dritten zu demselben in ein Rechtsverhältniß getreten ist, durch Treu und Glauben verpflichtet ist, den Dritten nicht in Unkenntniß von dem Erlöschen der Vollmacht zu lassen, und sich durch das Unterlassen schadensersatzpflichtig macht oder sogar sich so behandeln lassen muß, als ob die Vollmacht nicht widerrufen. Das wird namentlich für den Handelsverkehr zu beachten sein." Dies dürfte schwer zu beweisen sein. § 242 BGB. findet keine Anwendung, denn der Vertreter ist eben nicht Schuldner geworden. Eine unerlaubte Handlung aber wird nur ganz ausnahmsweise vorliegen.

2) Anders für das bisherige Recht RG. Entsch. Bd. 9 S. 314.

3) Cosack, Lehrbuch Bd. 1 § 67 S. 222, will in gleicher Art behandeln „die Vollmacht, welche dem Ueberbringer einer Quittung zusteht". Abgesehen davon, daß es sich in diesem Falle schwerlich um eine Vollmacht handelt (vgl. oben S. 93), so ist hier der Schuldner durch den Schluß des § 370 genügend gesichert.

gegen mit dem zu Grunde liegenden Rechtsverhältnisse, durch Widerruf gegenüber dem Bevollmächtigten oder gemäß ihrem eigenen Inhalt nur dann, wenn der Vollmachtgeber zugleich dem Dritten das Erlöschen der Vollmacht angezeigt hat oder der Dritte das Erlöschen auch so kennt oder kennen muß, d. h. nur in Folge von Fahrlässigkeit nicht kennt (§ 122 a. E.). Die Beweislast trifft den Vollmachtgeber; er muß die Anzeige, das Kennen oder Kennenmüssen des Dritten beweisen. Der letztere Beweis wird ihm beispielsweise dann regelmäßig gelingen, wenn er das Erlöschen der Vollmacht öffentlich bekannt gemacht hat.

Der Dritte ist hier im Wesentlichen gesichert. Nur kann es vorkommen, daß er von dem an ihn gerichteten Widerruf nichts erfährt, denn dieser wird bereits mit dem „Zugange" (§ 130) wirksam.

3. Die Vertretungsmacht besteht kraft besonderer Mittheilung an einen Dritten (§ 171 Abs. 1). Es gilt durchaus das zu 2 Gesagte.[1])

4. Der Vollmachtgeber hat dem Vertreter eine Vollmachtsurkunde ausgehändigt und der Vertreter hat sie dem Dritten vorgelegt.[2]) Auch diese Vollmacht erlischt mit dem ihrer Ertheilung zu Grunde liegenden Rechtsverhältnisse, durch Widerruf gegenüber dem Bevollmächtigten oder gemäß ihrem eigenen Inhalt nur dann, wenn der Dritte das Erlöschen der Vertretungsmacht kennt oder kennen muß, z. B. in Folge einer öffentlichen Bekanntmachung oder einer speziellen Mittheilung an ihn. Im Uebrigen bleibt die Vertretungsmacht bestehen, bis die Vollmachtsurkunde dem Vollmachtsgeber zurückgegeben oder für kraftlos erklärt wird, § 172

---

1) A. A. wohl Zitelmann, Allg. Theil S. 122. Indessen stellt § 173 die Fälle der §§ 170, 171 Abs. 2 anscheinend völlig auf eine Stufe. Zitelmann's Argument ist, daß die gemäß §§ 171, 172 begründete Vertretungsmacht nie accessorisch, das heißt von dem Grundverhältniß abhängig ist. Das sollte man erwarten. Aber Zitelmann führt selber einen Fall an, in welchem das Grundverhältniß einwirkt (§ 176 Abs. 3). Es braucht nicht der einzige zu sein.

2) Fälle aus der bisherigen Praxis in Seuffert's Arch. Bd. 28 Nr. 29, Bd. 29 Nr. 28.

Abs. 2. Daraus ist nicht zu entnehmen, daß jede Rückgabe der Urkunde die Vollmacht zum Erlöschen bringt. Dies ist vielmehr nur dann der Fall, wenn die Rückgabe zu dem Zwecke erfolgt, daß die Vollmacht erlösche. Soll nach dem Willen des Vollmachtgebers die Vertretungsmacht trotz Rückgabe der Vollmachtsurkunde bestehen bleiben, so ist nicht einzusehen, warum dieser Wille nicht wirksam sein soll.[1]) Der Rückgabe steht die Vernichtung der Vollmachtsurkunde gleich. Auch sie bringt aber die Vollmacht nur dann zum Erlöschen, wenn sie zum Zweck der Aufhebung der Vollmacht erfolgt; zufällige Zerstörung der Urkunde ist ohne Bedeutung.

Ein vollkommener Schutz des gutgläubigen Dritten besteht hier nicht. Denn die Rückgabe der Vollmachtsurkunde kann ihm ganz unbekannt bleiben. Der Dritte muß sich also vor jedem Geschäftsabschluß von neuem die Vollmacht vorlegen lassen.

5. Der Vertretene hat durch öffentliche Bekanntmachung kundgegeben, daß er Jemanden bevollmächtigt habe. Die Vertretungsmacht erlischt jedenfalls, wenn sie durch eine gleiche öffentliche Bekanntmachung zurückgenommen wird. Schließt dann ein Dritter im Vertrauen auf die erste Kundgebung mit dem Vertreter ein Geschäft ab, so haftet der Vertretene nicht, und zwar auch dann nicht, wenn der Dritte die zweite Kundgebung weder kannte noch kennen mußte. Mit dem ihrer Ertheilung zu Grunde liegenden Rechtsverhältnisse oder durch Widerruf gegenüber dem Bevollmächtigten erlischt die Vollmacht wiederum nur dann, wenn der Dritte das Erlöschen der Vertretungsmacht bei der Vornahme des Rechtsgeschäfts kennt oder kennen muß, beispielsweise in Folge einer speziellen Mittheilung des Vollmachtgebers an ihn.

Im Wesentlichen ist der Dritte auch in diesem Falle gesichert.

6. Für die handelsrechtlichen Vollmachten gilt nichts Besonderes, die unter 1—5 aufgestellten Grundsätze bestehen auch für sie.

Eine Ausnahme macht die Prokura. Ihr Erlöschen ist von

1) Vgl. auch Hölder, Kommentar zu § 172 S. 371.

dem Inhaber des Handelsgeschäfts zur Eintragung in das Handelsregister anzumelden (HGB. § 53 Abs. 3). Solange diese Eintragung und ihre Veröffentlichung nicht erfolgt ist, kann das Erlöschen der Prokura einem Dritten nur dann entgegengesetzt werden, wenn es ihm bekannt ist, was der Inhaber des Handelsgeschäfts beweisen muß. Ist dagegen das Erlöschen der Prokura eingetragen und veröffentlicht worden, so muß es jeder Dritte gegen sich gelten lassen, es sei denn, daß er es weder kannte noch kennen mußte; dies muß er beweisen (HGB. § 15 Abs. 1, 2). Gleiches gilt von der Vorstandschaft einer Aktiengesellschaft (HGB. § 234).[1])

7. Ebenso wie der Widerruf der Vollmacht ist ihre Einschränkung zu behandeln, da sie sich als ein theilweiser Widerruf darstellt. Hier gelten aber für diejenigen Vollmachten des HGB., deren Umfang ein für alle Male durch das Gesetz bestimmt ist, Besonderheiten.

1) Ebenso von der Vorstandschaft eines eingetragenen Vereins (BGB. § 68).

Erich Jung.

Von der „logischen Geschlossenheit" des Rechts.

„Ein Recht", sagt Bergbohm (Jurisprudenz und Rechtsphilosophie, S. 384), „ist etwas allemal in lückenloser Ganzheit dastehendes; .... es ist jeden Augenblick voll, weil seine innere Fruchtbarkeit, seine logische Expansionskraft im eigenen Bereich jeden Augenblick den ganzen Bedarf an Rechtsurtheilen deckt."

Das entspricht bekanntlich nicht dem, was gewöhnlich gelehrt wird; die Lücken des Rechts und die Art ihrer Ausfüllung bilden einen stehenden Abschnitt selbst in den Lehrbüchern des neuen bürgerlichen Rechts, der modernsten und wohl einer der am sorgfältigsten vorbereiteten Kodifikationen, von der wir Kunde haben; welche deutsche Sorgfalt und Schulgerechtheit wahrlich am besten aus der Thatsache erhellt, daß das deutsche Volk ja seiner Zeit auf den Rath seiner Weisen vor der Inangriffnahme seines sehnsüchtigen Wunsches erst noch einmal drei Vierteljahrhunderte Rechtsgeschichte studieren mußte, um richtig vorbereitet zu sein.

Systematisch und mit allgemeinen theoretischen Erwägungen wird sich das Eine und das Andere, die Lückenlosigkeit und Lückenhaftigkeit, vertheidigen lassen; daß bis zu einem gewissen Grade die Lückenlosigkeit als Postulat besteht, indem der Richter ja niemals wegen Fehlens einer Rechtsnorm die Entscheidung verweigern darf, ist nicht zu bestreiten. Ebenso unbestreitbare Thatsache ist aber jedenfalls, daß es Stellen, Verhältnisse giebt, an denen solche Lücken des positiven Rechts empfunden werden; ob sie nun wirklich vorhanden sind oder nicht, sei zunächst dahingestellt.

Der Standpunkt der logischen Geschlossenheit findet sich mit dieser Thatsache auf eine relativ einfache Weise ab; diese angeblichen Lücken bedeuteten lediglich Mängel der Rechtskenntniß, nicht des Rechts; und gänzlich unerlaubt sei es, das stets lückenhaft bleibende Wissen des Einzelnen um das Recht mit dem nie lückenhaften Rechtskörper selbst zu verwechseln.

Wenn das richtig ist, dann sind sehr viele Urtheile ein Zeugniß mangelhaften Wissens der Urtheilsfinder.

Ein Zeichen mangelhafter Beherrschung des Rechtsstoffs durch den Richter ist dann vor Allem eine Erwägung, die sehr häufig angestellt wird in zweifelhaften Fällen [1]), in Fällen, in denen die „logische Subsumtion" des Thatbestandes unter die überlieferte Regel ein zweifelfreies Resultat nicht ergiebt, oder, sagen wir unpräjudicirlich, nicht zu ergeben scheint; die Erwägung nämlich, wo führt das hin, wenn wir in diesem Sinne entscheiden, welches von den möglichen Resultaten ist das erträglichere, das sachlich angemessenere.

Daß Urtheile, bei denen die schließliche Richtung der Entscheidung in dieser Weise bestimmt worden ist, nicht durch die „logische Expansionskraft" der Regel zu Stande gekommen sind, ist klar; man geht dabei nicht von dem positiven Rechtssatz aus und kommt unter Anwendung dieses auf den Thatbestand zur Entscheidung, sondern man sucht umgekehrt die Maxime aus der als zweckmäßig, sachgemäß, der Natur der Sache entsprechend u. s. w. empfundenen Einzelentscheidung.

Zeichen mangelhafter Rechtsbeherrschung ist dann aber ferner ein noch häufigeres, weil äußerlich mehr in den Rahmen der logischen Anwendung positiver Regeln sich einfügendes Verfahren bei der Urtheilsfindung, ein Verfahren, bei dem die teleologisch-praktische Erwägung [2]) sich zwar hinter einer logischen Deduktion

1) „Die nicht wenigen praktischen Fälle, für die sich in der großen Zahl der Gewohnheits- und Gesetzesrechtssätze nicht einer findet, dessen allgemeinem Thatbestand sich der besondere des zu beurtheilenden Falls einordnete" (Regelsberger), womit die Grenzen der logischen „Expansionskraft", der Deckung des Bedarfs an Rechtsurtheilen auf logischem Weg, scharf bezeichnet sind.

2) Daß hier unter dem teleologischen Element der Rechtsfindung etwas Anderes gemeint ist, als Kohler (Ueber die Interpretation von Gesetzen, in

aus der Regel verbirgt, thatsächlich aber doch das Primäre ist indem die logische Herleitung erst nachträglich zu dem fertigen Ergebniß hinzu kommt; eine neue und von der bisherigen Regel nicht gedeckte, aber aus jenen praktischen, das Ergebniß ansehenden Erwägungen gebieterisch geforderte Entscheidung wird gezwungener Weise aus jener Regel hergeleitet, weil die Maxime jener neuen Entscheidung sich noch nicht bis zur festen Regel von logischer Anwendbarkeit verdichtet hat, und man doch diese Entscheidung will. Man hat diese Anwendungen des sogenannten (Jhering) Gesetzes der logischen Sparsamkeit, daß das neue Resultat bis zur äußersten Möglichkeit mit der alten Formel zu decken versucht wird, als die typische Art bezeichnet, wie sich Entwickelungen, Veränderungen der Rechtsbegriffe zu vollziehen pflegen (Kohler, Shylock); es wäre die Anwendung eines allgemeinen Gesetzes ethischer Entwickelung auf die Erscheinungen des Rechtslebens, der von Wilhelm Wundt behaupteten allgemein geltenden Regel, daß sich das Sittliche eher in der Form der sittlichen Thatsachen zeigt, als es in die Sphäre sittlicher Anschauungen erhoben wird. Ein klassisches Beispiel jener oben umschriebenen Logik ex post ist etwa der berühmte Satz aus den Entscheidungsgründen eines bayrischen Gerichts, daß der Betrieb einer Eisenbahn immer ein fahrlässiges Verhalten darstelle; man wollte unbedingt zur Bejahung der Schadensersatzpflicht kommen, und hatte doch für die logische Herleitung derselben nur die Kategorie der Deliktsobligation, die nun passen mußte, ob es ging oder nicht ging.

Daß dieser Weg, „den Bedarf an Rechtsurtheilen" bei anscheinenden Lücken zu decken, — im Gegensatz zu logischen Forderungen der Regel sind jene Erwägungen natürlich auf keinen Fall zulässig — ein nicht ungefährlicher ist, weil er geeignet ist, „Ansichten und Wünsche in betreff der lex ferenda an die Stelle des bestehenden Rechts zu setzen" (Reichsgericht), wird nicht bestritten; es wird hier zunächst nur auf das thatsächliche Vorkommen dieser teleologischen Urtheilsfindung hingewiesen, ohne Präjudiz ihrer Be-

Grünhuts Zeitschrift, Bd. 13), darunter versteht, wird sich im Verlauf der Erörterung noch näher ergeben.

rechtigung oder Nichtberechtigung. Weiter unten wird dann zu betrachten sein, inwieweit „die logische Expansionskraft“ denn überhaupt im Stande ist, den ganzen „Bedarf an Rechtsurtheilen zu decken“; oder, anders ausgedrückt, — denn darum handelt es sich, um das gleich vorwegzunehmen — inwieweit das Ideal der Kodifikationen der Aufklärungszeit, den Richter zur dialektischen Maschine und die Rechtsanwendung zum Rechenexempel zu machen, erreichbar ist.

Aber nicht nur in den bisher bezeichneten, juristisch-technisch allerdings wohl nicht ganz einwandsfreien Formen tritt die teleologische Erwägung auf; sie ist wirksam in Gestalten, bei denen man zu dem einfachen Mittel, ihr generell die Daseinsberechtigung abzustreiten, nicht so leicht sich entschließen wird.

Bergbohm zwar verwirft ganz konsequent auch ein Deduciren aus der Natur der Sache (S. 284, 285; S. 353 a. a. O.); wenigstens insoweit, als es nicht lediglich „durch ein vorausgegangenes Denken aus den „Quellen“ bedingte Direktionsmittel des Denkens“ darstelle; daß sie regelmäßig, wo sie thatsächlich auftritt, nicht lediglich „aus den Quellen geschöpftes Direktionsmittel des Denkens“ ist, wird nicht bestritten beziehentlich in der Polemik gerade vorausgesetzt.

Das Argumentiren aus der Natur der Sache hat gewiß etwas Gefährliches, nach der Seite des subjektiven Rechtsphantasirens, der aequitas cerebrina hin, wie das Projekt des corporis juris fridericiani sich einmal ausdrückt. Man muß zwei verschiedene Weisen des Argumentirens aus der Natur der Sache unterscheiden, in der von Bergbohm angegebenen Richtung. Es kann allerdings sein, daß das Argumentiren aus der Natur der Sache thatsächlich nur ein solches aus dem Begriffe heraus, nur eine logische Ausbeute der Regel darstellt; z. B. wenn man gesagt hat, die Eigenthümerhypothek vertrage sich nicht mit der Natur des Pfandrechts als eines Rechts an einer fremden Sache; oder, es folge aus der Natur des Kommissionsverhältnisses und dem dieses charakterisirenden Handeln im eigenen Namen, daß der Kommissionär das Eigenthum an der Kommissionssache zunächst für sich erwerbe; die angebliche Nothwendigkeit ergiebt sich hier aus der „begrifflichen" Natur. Das ist nun wohl eine merkwürdige Zusammenstellung; der Begriff ist ja gerade künstliche Schöpfung und nicht Naturgewordenes; aber diese Art der Folgerung ist an sich zweifellos zulässig und innerhalb des Rahmens der logischen Anwendung positiver Regeln, soweit die logische Spannkraft des positiven Begriffs beziehungsweise der positiven Regel wirklich reicht, soweit der Obersatz richtig gebildet ist. Erst darüber hinaus fängt ja die „Begriffsjurisprudenz" im falschen Sinne an.

Das Argumentiren aus der Natur der Sache kann aber auch — und das trifft in den meisten Fällen zu — einen anderen Sinn haben; daß es nicht lediglich eine logische Ausbeute des positiven Begriffs versucht, mag dieser nun richtig oder falsch verstanden sein, welches letztere offenbar, wie die Entwickelung gezeigt hat, in dem obigen Beispiel mit der Eigenthümerhypothek der Fall ist.

Die nächstliegende Vorstellung ist dann die, als ob dieses Folgern aus der Natur der Sache, also soweit es nicht lediglich eine Analyse aus dem Begriff bedeutet, aus dem thatsächlich-wirthschaftlichen Wesen des Vorganges, aus dem Lebensvorgang als solchem und abgesehen von einer rechtlichen Regelung schöpfe.

So sagen die Motive (Bd. 1 S. 173): „Die Berücksichtigung der sogenannten Natur der Sache ist nicht ausgeschlossen, aber die Entscheidung darf nicht aus Momenten genommen werden, die außerhalb des positiven Rechts liegen; die faktische Natur des betreffenden Verhältnisses muß ergründet werden und letzteres der Norm unterstellt werden, welche sich aus den allgemeinen dem positiven Recht zu Grunde liegende Prinzipien und der in ihrer Eigenart erkannten thatsächlichen Gestaltung mit logischer Konsequenz ergiebt." Diese Auffassung des in solchen Fällen vorliegenden Verfahrens ist eine falsche; es darf seit den Ausführungen Stammler's (Wirthschaft und Recht; insbesondere Buch III, Monismus des sozialen Lebens) als ausgemacht gelten, daß man eine soziale Erscheinung unter Abstraktion von jeder Regelung, als rein thatsächlich überhaupt nicht betrachten kann; daß, wie Stammler es ausdrückt, in Wirklichkeit für alle soziale Betrachtung Form und Materie untrennbar auftreten. Jedenfalls aber hat derjenige, der in der zweiten oben unterschiedenen Weise von der Natur der Sache als einem Rechtserkenntnißmittel redet, also zum Beispiel sagt, die direkte Wirkung der Stellvertretung werde durch die Natur des beim Handeln durch Andere vorliegenden Lebensverhältnisses erfordert, nicht die bloß faktische Natur des Verhältnisses vor Augen, sondern allemal ein rechtliches Verhältniß — wie könnte er sonst von direkter Wirkung reden —; das Verhältniß so rechtlich gestaltet, wie man es der in dieser bestimmten Gesellschaftsordnung beobachteten sozialen Funktion des Verhältnisses, mit Grund oder ohne Grund, für entsprechend erachtet. Mit anderen Worten, wenn man von der Natur der Sache redet und man umschreibt damit nicht lediglich den positiven juristischen Begriff selbst (vergleiche oben), so geht man niemals, wie man sich zunächst vorstellt, von rein thatsächlich-technischen Beobachtungen aus, sondern man hat im Auge immer eine bestimmte, aus irgend welchen Gründen für „natürlich", angemessen, zweckmäßig u. s. w. gehaltene Regelung der Sache.[1])

Das ist zweifellos nicht mehr logische Ausbeute der positiven Regel zur Findung des Urtheils, sondern etwas ganz Anderes. Im § 294 Abs. 2 des neuen Handelsgesetzbuchs hat die Reichstagskommission eine Aenderung vorgenommen, die nach Absicht ihrer Urheber nur eine solche der Fassung sein sollte; im Bericht der Kommission ist sie gar nicht erwähnt; es wurde nämlich an die

---

1) Vgl. Dernburg, Pandekten, Bd. 1 S. 87; „die den Dingen innewohnende Ordnung" nenne man die Natur der Sache. Kohler, Die Interpretation von Gesetzen, in Grünhut's Zeitschrift Band 13: „Die Natur der Sache bilden eben die Lebensverhältnisse, und das in ihnen liegende Streben nach einer bestimmten rechtlichen Gestaltung." Die andere Vorstellung hat noch Stahl, Philosophie des Rechts, Bd. 2, Rechts- und Staatslehre, Abth. I 3. Aufl. S. 223: „Sie (die Natur der Sache) bezeichnet nicht ethische (juridische) Grundsätze außerhalb der Grundsätze des positiven Rechts, sondern faktische Beziehungen, die bisher nicht vorgesehen, nunmehr hervorgehoben, Anhaltspunkte für die Entscheidung nach den Grundsätzen des positiven Rechts gewähren."

Stelle von „aus dem Wesen der Liquidation", wie es in der Vorlage des Bundesraths hieß, gesetzt: „aus dem Zwecke der Liquidation" [1]).

In den materiellen Folgen der Bestimmung wird das ja wohl nichts geändert haben; aber was bedeutet die Aenderung denn überhaupt; und insofern, als Symptom einer gewissen Verschiebung der Anschauungen, scheint sie mir allerdings für die vorliegende Untersuchung instruktiv.

Sie bedeutet geradezu ein Fallenlassen der Vorstellung, daß durch die gegebenen Begriffe und Regeln alles gedeckt sei. Nämlich: das „aus dem Wesen der Liquidation" kann, wie allgemein „das aus der Natur der Sache", für welches letztere jenes nur eine Umschreibung ist, zweierlei bedeuten; es kann meinen: aus dem logischen Wesen des positiven juristischen Begriffs der Liquidation, und es kann meinen; aus dem Wesen des Lebensvorgangs, in dem oben besprochenen Sinne.

Ob nun der Kommission unter dem Einfluß der neueren Kritik des Begriffskultus diese Fassung zu sehr nach Begriffsjurisprudenz auszusehen schien, das „Wesen der Liquidation" zu personificirend klang; jedenfalls kann das Verweisen auf das, was sich aus dem „Zweck der Liquidation" ergiebt, nur den zweiten Sinn, den der Berufung auf die Natur der Sache in der zweiten oben betrachteten Bedeutung haben. Hier wird jenes fremde Element, das den Kern der Berufung auf die Natur der Sache ausmacht, direkt genannt; aus dem Zweck, d. h. aus der sozialen Funktion des Vorgangs der Flüssigmachung, Abwickelung ꝛc. soll sich die Maxime der Beurtheilung ergeben; Zweck, soziale Funktion setzt aber offenbar (Stammler) eine Regelung voraus; diejenige Regelung, die der Urtheilende sich als eine sachgemäße, angemessene, nothwendige, natürliche u. s. w. vorstellt.

Und selbst die Analogie, das scheinbar Harmloseste und am meisten noch in dem Rahmen der Anwendung überlieferter Regeln

---

1) § 294 Abs. 2: „Bis zur Beendigung der Liquidation kommen die Vorschriften der vorausgehenden Titel zur Anwendung, soweit sich nicht aus diesem Titel oder aus dem Zweck der Liquidation ein anderes ergiebt."

bleibende Auskunftsmittel zur Ergänzung von Lücken, — seien sie nun wirklich vorhanden oder nur der Unkenntniß des Urtheilers so erscheinend, was ja bei ihrem jedenfalls unbestrittenen Auftreten im praktischen Rechtsleben zunächst dahingestellt bleiben kann — bedeutet keineswegs eine rein logische Subsumirung, sondern setzt als wesentlichen Bestandtheil voraus jene teleologische Erwägung, die Vorstellung der zweckmäßigen angemessenen Regelung als der geltenden.

Ueber das Wesen der Analogie herrscht so wenig Uebereinstimmung, daß die zweite Kommission, der Anregung Hölder's folgend, eine besondere gesetzliche Bestimmung über die Analogie lieber zu vermeiden beschloß.[1] Jedenfalls kann uns hier nicht eine allgemeine Definition der Analogie zum Gegenstand der Untersuchung dienen, — auf keinem anderen Gebiete der Rechtslehre, sagt Regelsberger, bleibt die Theorie soweit hinter der Praxis, das Wissen soweit hinter dem Können zurück, als in der Auslegung — sondern nur einzelne und möglichst unbestrittene Anwendungsfälle der Analogie.

Die Vorschrift des § 147 Abs. 1 Satz 2, BGB., daß die mittelst Fernsprecher von Person zu Person gemachte Offerte als als eine unter Anwesenden gemachte gilt, ist analog anzuwenden auf Willenserklärungen mittelst Fernsprecher überhaupt; die mittelst Fernsprechers von Person zu Person gemachte Erklärung allgemein ist ebenso zu beurtheilen wie die einem Anwesenden gegenüber abgegebene Erklärung (Planck, zu § 130, unter Ziffer 2). Es ist das gewiß einer der zweifellosesten Fälle von Rechtsfindung durch Analogie; übrigens auch ein ganz genau der Regelsberger'schen Definition der Analogie entsprechender Fall; es wird aus dem gegebenen Rechtssatz eine allgemeinere Norm abgeleitet, deren Thatbestand den geregelten wie den ungeregelten Fall umfaßt. Trotz-

1) Savigny spricht von der Analogie als der Ergänzung unseres positiven Rechts aus sich selbst heraus, „indem wir in demselben eine organisch bildende Kraft annehmen"; wohl ein typisches Beispiel für den Mißbrauch des berühmten Vergleichs mit dem Organismus, mit dem hier offenbar Begriffselemente mystisch-personifizirender, nicht mehr rationaler Natur eingeführt werden.

dem d. h. obwohl eine derartige Beurtheilung eines Streitfalls ganz zweifellos noch in den Rahmen der Anwendung geltenden Rechts fiele und dem Vorwurf subjektiven Rechtsphantasirens gewiß nicht ausgesetzt wäre, stellt sie doch keineswegs eine reine logische Subsumtion dar. Die zweite Kommission hat die gesetzliche Aussprache jener allgemeineren Norm abgelehnt, weil es fraglich sei, ob eine solche Vorschrift nicht unter Umständen zu weit gehe — ein wesentliches Moment zur Ermittelung und der Erklärung des Willens, und zur Beurtheilung der Wirkung der Erklärungen, die Mienen und Bewegungen des Gegners, fallen bei der telephonischen Besprechung aus —, und man daher besser der Wissenschaft und Praxis überlasse, den der Vorschrift des § 147 Abs. 1 Satz 2 zu Grunde liegenden Gedanken in sonstigen Fällen, soweit derselbe zutreffe, gleichfalls zu verwerthen. Mit anderen Worten: auch hier, bei diesem allereinfachsten Fall von Analogie, hat der daraufhin eine Norm anwendende Richter nicht lediglich einen konkreten Thatbestand unter eine Regel zu subsumiren, sondern es wird ihm weiter ein Urtheil, ein Befinden darüber zugemuthet, ob der dem § 147 Abs. 1 Satz 2 zu Grunde liegende Gedanke, daß eben auch beim telephonischen Verkehr die Rede des Einen unmittelbar von dem Anderen vernommen wird, daß das durch den Fernsprecher vermittelte Wort ebenso verhallt wie das einem Anwesenden gegenüber gesprochene Wort, und daß von ihm nichts übrig bleibt, woraus der Adressat sich nachträglich Kenntniß verschaffen könnte, — es wird dem Richter, sagen wir, eine Prüfung darüber zugemuthet, ob dieser die Gleichstellung der telephonischen mit der unter Anwesenden gemachten Erklärung im allgemeinen rechtfertigende Gedanke auch auf den vorliegenden Fall und die vorliegende Willenserklärung zutreffe; und wenn das nicht der Fall ist, soll er die Norm nicht anwenden; d. h. nichts anderes als: es wird dem Richter ein Urtheil über die Angemessenheit der Norm, eine quasigesetzgeberische, eine Erwägung de lege ferenda, eine Zweckmäßigkeitsbetrachtung zugemuthet. [1])

1) Regelsberger, Pandekten, Bd. 1 S. 158: „auf dem richtigen Urtheil über die Gleichartigkeit von Thatbeständen, auf der Erkenntniß des er-

An anderen Stellen unseres Gesetzbuchs wird die analoge Anwendung eines Satzes auf andere Thatbestände, als diejenigen, von denen er direkt spricht, durch positive Bestimmung angeordnet.

Der § 704 des BGB. bestimmt, daß auf das Pfandrecht des Gastwirths die Vorschriften auf das des Vermiethers entsprechende Anwendung finden sollen. Das kann nicht heißen, soweit die Thatsachenlage, die Thatbestände die gleichen sind; hieße es das, dann wäre die Analogie, die vom Standpunkt der logischen Geschlossenheit ganz richtig als höchst suspekt empfunden wird, allerdings lediglich „eine Schlußform", eine logische Subsumtion von Thatbeständen unter Begriffe und Regeln wie jede Rechtsanwendung; aber es kann das nicht heißen; das „entsprechend" wäre dann rein überflüssig; es wäre nichts anderes gesagt als „finden Anwendung"; denn daß das rechtlich Ausgesagte nur gilt von dem, über das es ausgesagt ist, daß die rechtliche Folge sich nur knüpft an die in der Regel beschriebenen Thatumstände, bedarf keiner besonderen Erwähnung. Die Vorschrift des Gesetzgebers, jene Regeln „entsprechend" anzuwenden, enthält vielmehr für den Richter die Pflicht und die Befugniß einer Prüfung, ob die in jenen angezogenen Vorschriften enthaltene Regelung dieser Verhältnisse auch diesen entsprechend, angemessen ist. Das erhellt sofort, wenn man jene analoge Anwendung einmal im einzelnen in der Funktion betrachtet. In dem genannten § 704 über das Pfandrecht des Gastwirths ist speziell angeführt als entsprechend anwendbar der § 560 über die Befugnisse des Vermiethers bezüglich der seinem Pfandrecht unterworfenen Illaten; dort heißt es, daß der Vermiether der Entfernung der Sachen dann nicht widersprechen könne, wenn sie den gewöhnlichen Lebensverhältnissen entsprechend erfolge; was in den Motiven Bd. 2 S. 408 dahin erläutert wird, daß z. B. die Mitnahme von Reiseutensilien auf die Reise ungehindert bleiben

---

heblichen gegenüber dem unerheblichen ruht die Sicherheit, aber auch die Schwierigkeit der analogen Rechtsanwendung .....

Ist der Maßstab, an welchem die Gleichartigkeit von Thatbeständen gemessen wird, nicht unwandelbar. Es ist Menschenurtheil, welches darüber befindet."

müsse. Nun, es ist klar, daß das dem Gastwirth gegenüber so nicht gelten kann; aber wie ist die Anwendung „logisch“ auszuschließen? Planck setzt in der Anmerkung zu § 704 die Vorschrift der analogen Anwendung der Bestimmungen über das Pfandrecht des Vermiethers einfach so um, daß er sagt, der Gastwirth könne der Entfernung der eingebrachten Sachen des Gastes dann nicht widersprechen, wenn sie im regelmäßigen Betrieb des Geschäfts oder den gewöhnlichen Lebensverhältnissen entsprechend erfolge. Daß die Mitnahme der Reiseeffekten nicht außerhalb dieses Rahmens fällt, ist klar; die Thatsachenlage „entspricht“; aber die Regelung entspricht nicht, weil sie, auf das Pfandrecht des Gastwirths angewendet, dieses einfach thatsächlich beseitigen würde; und wenn der Richter zur Ablehnung jener Einwendung des Gastes käme, was zweifellos ist,[1]) so wird er dazu geführt keineswegs durch die „logische Expansionskraft“ der überlieferten Regel, sondern durch die selbstständige Erwägung, daß die analoge Anwendung jener Regel unmöglich, weil zweck- und sinnwidrig ist; worin zweifellos wieder die Bethätigung einer gewissen Souveränität und die Möglichkeit subjektiver Meinungsverschiedenheiten liegt; oder, wie sich Endemann (Einführung ꝛc. Bd. 1 S. 46) ausdrückt, die Analogie ist „die Schöpferin neuen Rechtsinhalts und neuer Rechtswerthe“, die „nur die wissenschaftliche Wahrheit“, nicht die staatliche Macht zur Normensetzung, als rechtfertigenden Grund ihrer Anwendung anzugeben vermag.[2])

---

1) Gerade solche Gedankengänge, auf deren Möglichkeit man überhaupt erst dadurch kommt, daß sie einem in Anfängerarbeiten entgegentreten, geben Illustrationen zur „logischen Ergiebigkeit“ der formulirten Regel. Denn der juristische Anfänger ist immer ausgesprochenster und spitzfindiger Dialektiker, weil die Regeln und Abstraktionen das einzige sind, was er bisher kennt; während der ältere Jurist mehr die Vorstellung von deren Funktion hat und darum halb unbewußt schon die Logik der Regel nach dem Bedürfniß, „nach der Logik der Thatsachen“, mit einem leicht mißverständlichen tropischen Ausdruck, umgestaltet.

2) „Die wissenschaftliche Wahrheit“; handelt es sich wirklich um diese bei einer „Rechtsschöpfung“, d. h. einer dem Gebiet des Willens, der That, und nicht des Erkennens, der Vorstellung, angehörigen menschlichen Lebensäußerung? Nun, jedenfalls ist auch die wissenschaftliche Wahrheit eine, subjektiven Meinungs-

Und nun fassen wir zusammen: das praktische Rechtsleben kommt gar nicht ohne die Vorstellung aus, daß hinter und neben dem Komplex der überlieferten Regeln, d. h. überall da, wo in einem vorliegenden Konfliktsfall die logische Anwendung jener Sätze einen bestimmten zweifelsfreien Ausschlag nicht ergiebt, eine zweckmäßige, angemessene, „natürliche", den Bedürfnissen des Verkehrs, der Gerechtigkeit dienende, der Natur der Sache gemäße, ꝛc. ꝛc. Regelung gilt. Das klingt ganz gewiß sehr naturrechtlich; und ist auch keineswegs mit der neueren Stammlerschen Revindikation des Naturrechts gedeckt; denn dort wird scharf betont (Wirthschaft und Recht S. 185), daß jenes „Naturrecht mit wechselndem Inhalt" darum, weil für eine bestimmte Stufe ein solches erkannt ist, doch noch keine positive Geltungskraft habe. Aber es klingt die obige Behauptung schon weniger gefährlich, wenn man sie so ausdrückt: Die Regel ist so auszulegen, wie sie am zweckmäßigsten funktionirt; das sucht rein äußerlich die teleologische Erwägung noch in dem Rahmen der logischen Ausbeutung der Regel zu bringen, ganz entsprechend, wie die oben besprochene Gesetzesstelle, § 294 Abs. 2 des neuen Handelsgesetzbuchs, die Natur der Sache in die positive Regel hineinzieht. Sachlich ist diese Fassung nichts anderes als jene; und mit beiden hat die Grundvorstellung gemeinsam die ursprünglichste und geläufigste Form, in der sich teleologische Erwägungen im praktischen Rechtsleben einfinden; die Erwägung nämlich, wo führt es hin, wenn wir so entscheiden; ist das Ergebniß erträglich. Das Gemeinsame, und zugleich dasjenige, was alle Erwägungen dieser Art scharf trennt von der „Deckung des

---

verschiedenheiten recht zugängliche und keineswegs das Ergebniß mit logischer Sicherheit festlegende, Rechtserkenntnißquelle.

Bergbohm vergleicht einmal (a. a. O. S. 469) die Rechtsanalogie mit der Rolle der Analogie bei der Wort- und Satzbildung des die Sprache erlernenden Kindes. Wenn das Kind nach Analogie Wortformen bilde, die es noch nicht hat bilden hören, so sei hierbei entscheidend, welche Formen sich ihm zuerst eingeprägt haben; jede Sicherheit dafür, daß die Analogie auch ein den objektiv geltenden Sprachregeln entsprechendes Resultat ergebe, sei also ausgeschlossen. Wenn dieser Vergleich ein richtiger ist, dann illustrirt er auch das oben Behauptete, daß die juristische Analogie nicht einfach eine „Schlußform" aus dem Gegebenen bedeutet, sondern ein weiteres, ein neues Urtheil erfordert.

Bedarfs an Urtheilen durch die logische Expansionskraft der Regel“, ist das Ausgehen von der Funktion des Rechtssatzes, das Aufsteigen von einem bestimmten als angemessen empfundenen Ergebniß zu dessen Verallgemeinerung und damit zur Maxime; ex jure regula; während innerhalb des logischen Herrschaftskreises der positiven Regel naturgemäß aus der regula sich ergiebt, was im vorliegenden Falle Rechtens ist. [1])

Allerdings hat so der Richter eine „quasigesetzgeberische“ Stellung; aber da nun einmal die positive Regel zweifelhafte Fälle und Komplikationen immer bestehen läßt — auch wenn man theoretisch das Vorhandensein von Lücken bestreitet und das Vorkommen jener Stellen nur der mangelhaften Rechtskunde zuschreibt, so bleibt damit die Thatsache ihres Auftretens im praktischen Rechtsleben nicht minder vorhanden — so muß dem Richter, der sich des déni de justice nicht schuldig machen darf, irgend ein Ausweg gegeben sein. Die Versuche der Gesetzgebungen der Aufklärungszeit, den Richter zur Maschine zu machen, sind als vergebliche und als „eine Ueberschätzung der Macht und des Berufs der Gesetzgebung“ erkannt. Wie allerdings die Stellung des Richters in den Fällen eigentlich ist, „wo eine den Richter bindende, auf einen gegebenen Fall anwendbare Rechtsnorm nicht vorhanden ist“ (Merkel), ist noch sehr wenig ausgemacht. [2])

1) Die Vorstellung, daß es neben dem überlieferten Regelkomplex noch etwas giebt, daß dasjenige was sich aus der gegebenen Regel für den vorliegenden Fall logisch ergiebt, nicht das Ganze darstellt an geltendem Recht, ist die begriffliche Voraussetzung eines Ausdrucks, der uns zum täglichen Brot gehört, der Verbindung: positives Recht; denn man muß bei der adjektivischen Zufügung doch irgend etwas im Auge haben, an einen Gegensatz denken. Bergbohm bezeichnet allerdings in Konsequenz seiner Auffassung den Ausdruck als pleonastisch, a. a. O. Seite 51.

2) Was z. B. die Motive, unter Ablehnung jener Bestrebungen früherer Kodifikationen, über die Analogie sagen, wird wohl wenig weiter helfen. „Der Versuch, eine Vollständigkeit dieser Art zu erstreben wäre ein verkehrtes Beginnen. Das bürgerliche Gesetzbuch muß im Bedürfnißfall aus sich selbst, aus dem in ihm enthaltenen Rechtssystem ergänzt werden. Es enthält nicht eine tote Masse neben einander gestellter Rechtssätze, sondern ein organisches Gefüge innerlich zusammenhängender Normen. Die ihnen zu Grunde liegenden Prinzipien tragen den Keim weiteren Ausbaus in sich.“

Die energischste Korrektur jener rationalistischen Vorstellung von der Aufgabe des Richters bedeutet jedenfalls ein Standpunkt, wie ihn etwa Ernst Immanuel Bekker formulirt; wo das Recht noch unfertig, ergänzungsbedürftig sei, und der Richter also selber „quasigesetzgeberisch" vorzugehen habe, da stehe er zur Natur der Sache nicht anders als ein wirklicher Gesetzgeber; er habe das zu ihr passende Recht nicht zu finden, sondern selber zu zeugen und zu schaffen („Ernst und Scherz etc." S. 150; und ähnlich in: „Recht muß Recht bleiben", S. 19). Nun, der Spielraum für subjektive Anschauungen des Richters, die Gefahr, daß alle möglichen Begriffe und Vorurtheile gesellschaftlich-sittlicher Natur, aus den „unbenanntesten" Quellen, zu rechtlicher Wirkung gelangen, ist bei dieser Formulirung wahrlich nicht geringer als bei der unseren. Denn bei dieser Auffassung des Verhältnisses des Richters zu den Lücken ist doch die Vorstellung festgehalten, daß er bei der Entscheidung an ein Allgemeineres, an ein Prinzip, gebunden ist; während der Gesetzgeber offenbar arbiträr verfährt.

Aber besteht denn wirklich, könnte man fragen, dieser Unterschied; ist denn nicht thatsächlich auch jene Entscheidung, bei der der Richter, weil seine positiven Regeln schweigen, die als zweckmäßig, angemessen, der Natur der Sache entsprechend empfundene Regel zur Anwendung bringt, eine arbiträre; ist denn — und das wäre allerdings ein erheblicher Einwand — eine solche Entscheidung überhaupt noch eine nach Rechtsgrundsätzen; ist bei einem so gefällten Urtheil der Konflikt durch das Recht gelöst oder durch einen freien Entschluß des autoritativen Willens, woran die vorhandene, aber eben nicht rechtlich bindende Abhängigkeit von sittlichen, politischen 2c. Prinzipien nichts ändern würde.

Savigny unterscheidet bekanntlich (System, Bd. 1, § 32) grammatische, logische, historische und systematische Auslegung und bemerkt dabei über die letztere, das systematische Element der Auslegung beziehe sich „auf den inneren Zusammenhang, welcher alle Rechtsinstitute und Rechtsregeln zu einer großen Einheit verknüpfe".

„System ist Lüge", sagt Friedrich Nietzsche; das trifft zwar gewiß nicht immer zu; aber die in dem Paradoxon liegende Warnung ist wohl oft sehr angebracht.

Dadurch, durch den Anspruch, die konkrete Anwendung eines allgemeineren, auch den Entscheidenden bindenden Prinzips zu sein, hebt sich ja erst, wie wir in Anlehnung an die Stammlersche Abgrenzung (Wirthschaft und Recht § 87) sagen dürfen, der Rechtsbefehl von dem willkürlichen, dem bloßen Gewaltsbefehl ab.

Man könnte nun sagen, wo eine Lücke sich zeigt, wo wir eine den vorliegenden Fall schlichtende Regel im überlieferten Recht nicht finden, da fehlt es eben an einem äußeren Zwingenden für den Richter, und der Entscheidung fehlt es an dem Charakter der Entscheidung nach Rechtsgrundsätzen, d. h. daran, daß sie Anwendung lediglich eines allgemeinen und in gleichen Fällen gleicherweise geltenden Satzes sein will. Die Entscheidung wäre dann eine arbiträre autoritative Willensäußerung, deren Richtung durch alle möglichen Erwägungen wohl mag beeinflußt sein, aber eben durch keinen Rechtssatz bestimmt ist. Es sei eine Selbsttäuschung, wenn man für solche Entscheidungen bei Lücken des überlieferten Rechts noch die Vorstellung fest halte, daß sie Regelentscheidungen, daß sie Anwendungen eines allgemeinen Satzes seien. Wo das überlieferte Recht eine Regel nicht darbiete, da sei eben der Richter frei in der Entscheidung eines ihm vorliegenden Streitfalles, da suche er selbstständig für den einzelnen Fall die dem Gesammtheitsinteresse entsprechende Resultante aus dem Widerstreit der Einzelkräfte.[1])

Wenn das zutrifft, so müßte es immerhin Zweifel in der Richtung wecken, ob nicht doch der Anspruch auf die logische Geschlossenheit des überlieferten Rechts wenigstens als Postulat und wenn auch mit der forcirtesten Anspannung und Zerrung des Gegebenen festzuhalten wäre. Aber es ist jener Argumentation meines Erachtens folgendes entgegenzusetzen. Auch wenn der Entscheidende zunächst von dem Ergebniß ausgeht, und sich daraus erst die Maxime zurecht macht, also wenn jener bayerische Richter zuerst sich sagt, der Mann muß eine Entschädigung haben, und darnach seinen Begriff des fahrlässigen Handelns so lange zerrt und dehnt

1) Ein geehrter Fachgenosse wird sich dabei vielleicht an von ihm im persönlichen Gespräch geäußerte Ansichten erinnern.

bis er eben zulangt, so denkt er sich dabei doch immer nicht ein einzelnes, sondern ein generelles Ergebniß. Um deßwillen, weil das, was Ergebniß der Regelanwendung sein soll, für ihn früher da war, als die Regel, verläßt ihn doch die Vorstellung noch nicht, daß er in dem einzelnen Entscheid ein Allgemeines, eine Regel befolge. Diese Vorstellung zeigt sich ja grade darin, daß die Kontinuität der Entscheidung, ihr Zusammenhang mit den überlieferten Regeln mit allen Mitteln festgehalten und mit allen Sophismen vorgetäuscht wird; das sogenannte Prinzip der Sparsamkeit ist grade die Wirkung jener Vorstellung. Der größere subjektive Spielraum, der dem Richter in solchen Fällen gelassen ist, schließt doch den Charakter seines Entscheids als Ausfluß einer Norm ebensowenig aus, als man etwa den Schöffen des deutschen Rechts, denen autoritativ gesetzte Regeln zur Unterstützung bei ihrer Urtheilsfindung überhaupt noch nicht gegeben sind, um deßwillen, weil diese Rechtsprechung zweifellos subjektiven Einflüssen relativ sehr zugänglich gewesen sein wird, abstreiten wird, daß ihre Entscheidungen regelhafte, nach Rechtsgrundsätzen erfolgte sind.[1])

Es ist damit zugleich die hier vertretene Auffassung der Stellung des Richters zu den Lücken des überlieferten Rechts abgegrenzt gegen die oben angeführte Bekkersche. Nicht die regula setzt der Richter, sondern, indem er bestimmt — und nicht frei bestimmt, sondern einem allgemeinen Prinzipe folgend bestimmt —, was im einzelnen Falle Rechtens ist, wirkt er an dem jus quod est, das nichts anderes ist, als die wiederholte Uebung, als die Summe der konkreten Zwangsausübungen, deren allgemeiner Ausdruck, insoweit eine adäquate begriffliche Zusammenfassung in dem betreffenden Stadium und für die betreffenden Materien schon erreicht werden

---

1) „Es liegt im Wesen des Schöffenthums", sagt Stintzing, Geschichte der deutschen Rechtswissenschaft Bd. 1 S. 39, „daß als letzte Quelle des Rechts nur die persönliche Ueberzeugung des Urtheilers wirkt, welche sich durch keine äußere Autorität gebunden fühlt; der Begriff des zwingenden Gesetzes, dem die persönliche Meinung sich unbedingt unterzuordnen habe, kommt hier zu keiner Geltung. Die Rechtsaufzeichnungen aller Art sind dem Schöffen nicht bindende Gesetze, sondern Hilfsmittel der Erkenntniß, Belehrungen, die ihm dazu dienen, seine Ueberzeugungen zu bilden."

kann, die regula ist [1]); oder, wie es Merkel einmal ausdrückt, es kann der Schaffung des Rechtssatzes die Anwendung der in ihm enthaltenen Regel voran gehen; das vom Richter geschaffene „jus in hypothesi“ sei dann früher als das „jus in thesi“; die Entscheidung konkreter Rechtsfragen bezeichne hier den Weg der Bildung des abstrakten Rechts.

Wie sehr übrigens die nicht quasigesetzgeberische, sondern direkt gesetzgeberische Stellung, die für den Richter in der Bekker schen Formulirung beansprucht wird, aller geltenden Vorstellung vom Richteramt, insbesondere auch der positiv-rechtlichen Stellung der Präjudizien widerspricht, und wie sie den Teufel der rationalistischen Automatisirung des Richters nur durch den Beelzebub seiner Souveränmachung auszutreiben vermag, bedarf keiner weiteren Ausführung. Auch hier macht sich wie mir scheint geltend, daß es uns an einer eigentlich entwickelungsgeschichtlichen Vorstellung vom Werden des Rechts noch fehlt, und daß man nach dem glücklicherweise baldigen Verblassen des Tropus vom organischen Entstehen, im Sinne des Naturwerdens, wieder zu der rationalistischen Vorstellung von dem Gemachtwerden alles Rechts zurückgekehrt ist, jedenfalls von der Vorstellung der plötzlichen und bewußten Entstehung nicht los kommt; von der Vorstellung des Inslebentreten einer Regel in einem bestimmten Zeitpunkt, anstatt der einer allmählich aus einer Reihe von konkreten Rechtsverwirklichungen sich zusammensetzenden Uebung. [2])

Was ist, was bedeutet denn eigentlich die abstrakte Regel, der allgemeine Satz des überlieferten Rechts?

---

1) Wenn hier und mehrfach die Worte der berühmten Stelle des Paulus verwendet werden, so wird damit nicht etwa behauptet, daß der Sinn, indem sie hier verwendet werden, derjenige der Stelle ist.

2) Mit der Puchta'schen Korrektur der Ansicht vom Gewohnheitsrecht, daß nicht durch die Gewohnheit das Recht entstehe, wie man gemeint habe, sondern die Uebung nur das letzte Moment sei, in welchem das entstandene, in der Ueberzeugung der Glieder des Volks lebende Recht sich völlig äußere und verkörpern, setzt sich das noch nicht in Widerspruch; auch nach der Formulirung oben im Text ist die Uebung nicht Rechtsquelle, sondern lediglich Erkenntnißquelle, Aeußerung und Produkt dessen, was thatsächlich das Recht ist, nämlich der konkreten gesellschaftlichen Zwangsausübungen.

Und damit kommen wir an die zweite Betrachtung; wie man sich eigentlich die Deckung jener wirklichen oder vermeintlichen Lücken durch „die logische Expansionskraft" der Regel zu denken hat; nachdem in dem Vorhergegangenen zu zeigen versucht wurde, daß das entgegengesetzte Verfahren, die Ergänzung der überlieferten Regeln durch teleologisch-praktische Erwägungen, im praktischen Rechtsleben in einer Reihe von Fällen und in einer Anzahl von verschiedenen Formen und zum Theil Verkleidungen sich geltend macht.

Der Jurist, sagt Bekker, müsse sich bewußt sein, wie alle Begriffe, die er aufbaut, doch nur Hypothesen, Vermuthungen blieben; der Grundfehler der „Begriffsjurisprudenz" liege einfach — und in dieser Auffassung ist wohl die an sich gegebene Gefahr einer mißbräuchlichen Verwendung jener Iheringschen Aufstellung von der Begriffsjurisprudenz wesentlich gemindert — in dem Verkennen dieses Wesens, der Unvollkommenheit und Wandelbarkeit aller juristischen Begriffe.

Die Begriffe und Regeln sind eben nicht das geltende Recht selbst. Was ist schließlich eine Regel des positiven Rechts anderes als ein Versuch der Verallgemeinerung, einer Begriffsbildung aus einem wiederholten Handeln, aus einer Sozialthat; ex jure quod est, regula. Und auch die gesetzliche, von der rechtschützenden Gesammtheit autoritativ gesetzte Regel ist nichts anderes. Auch sie ist nur der Versuch einer logischen Aussprache für ein künftiges soziales Handeln, allerdings für ein gleichzeitig als solches befohlenes Handeln, aber doch nur der Ausdruck für dieses, nicht dieses selbst. Diese wiederholten Handlungen bez. Zwangsausübungen, diese soziale Uebung ist erst das geltende Recht. Es kann wohl sein, daß einerseits die Organisation des Gesammtwillens und des Rechtsschutzes eine so entwickelte, andererseits die Fassung der Regel eine juristisch-technisch so vollkommene ist, daß mit der Setzung der Regel schon eine ganz bestimmte Uebung gesichert ist. Aber das sagt nichts gegen die Nothwendigkeit der begrifflichen Unterscheidung zwischen dem Akt der Setzung und dem Wirklich-Geübtwerden [1]), und es ist

1) Auf welchem Weg vielleicht die Möglichkeit einer monistischen Theorie

außerdem auch auf hochentwickelten Kulturstufen jenes Zusammenfallen durchaus nicht immer oder auch nur regelmäßig gegeben. Das Gesetz redet in abstrakter Form, sagt Regelsberger;[1]) seine Umsetzung in konkrete Einzelakte ergiebt oft etwas ganz anderes, als jene Abstraktion wollte.

Es bedeutet zweifellos einen gewaltigen Fortschritt in der Gesellschaftsbildung, wenn sich die Gesellschaft über ihre konkreten Zwangsausübungen in Bezug auf das „ethische Minimum" so weit klar geworden ist, daß sie dieselben auf einen allgemeinen Ausdruck zu führen und an diesen zu binden versucht; wobei es für das Wesen dieser Bindung keinen Unterschied macht, ob die verbindliche Norm eine gewohnheitsrechtliche oder eine gesetzliche ist; es bedeutet gewiß eine wesentliche Verbesserung, wenn dem die gesellschaftliche Machtausübung Handhabenden damit ein Mittel geboten ist, die Richtung des in künftigen Fällen auszuübenden Zwangs durch logische Subsumtion zu ermitteln, und damit in sehr viel sicherer und konstanterer und von dem Subjektiven und Einzelnen des Falls freierer Weise als vorher. Aber diese Umsetzung des Abstrakten ins Konkrete bleibt immer nothwendig und das letztere bleibt das Wesentliche.

Und selbst wenn es wirklich möglich wäre, aus Bestimmungen wie der, daß der Vermiether „den Gebrauch der vermietheten Sache zu gewähren" hat (§ 535 BGB.), aus der Bestimmung des § 611, daß der Dienstverpflichtete „die versprochenen Dienste" zu leisten hat, aus der Bestimmung des § 1382 des code civil, daß für angerichteten Schaden derjenige haften soll, par la faute duquel il est arrivé, aus der Bestimmung des § 823 BGB. über den außerkontraktlichen Schadensersatz, in deren Thatbestand zweimal der Begriff: Recht wieder vorkommt, wenn es sagen wir selbst möglich

---

der Entstehung des Rechts liegt; einer Theorie, welche die jedenfalls bisher noch nicht zu einer befriedigenden Lösung gekommene Doppelheit der Kategorieen von Gesetzes- und Gewohnheitsrecht beziehentlich deren dualistische Gegenüberstellung vermiede.

1) Weshalb über den Sinn eines Gewohnheitsrechtssatzes viel weniger leicht Zweifel entständen, weil er uns in seiner Anwendung auf die Verhältnisse des Lebens entgegentrete.

wäre, aus Bestimmungen dieser Art durch logische Interpretation, letztere im weitesten Sinne, den Bedarf an Rechtsurtheilen für alle Komplikationen zu decken,[1]) so käme doch jedenfalls diese Deduktion niemals über den Standpunkt des Gesetzgebers hinaus. Man ist sich aber heute darüber einig, daß die Auslegung gesetzlicher Bestimmungen nicht die Absichten des Gesetzgebers bez. die Entstehungsgeschichte der Bestimmung als letzte Grundlage und Erkenntnißquelle zu betrachten hat, sondern das Ganze des betreffenden Gesetzes, den Zusammenhang der Rechtssätze, oder wie man das auch ausgedrückt hat.[2])

Dieser Zusammenhang ist aber nicht mehr logisch-dialektischer Natur; das Ganze der Rechtsordnung ist kein logisches, sondern ein teleologisches Ganzes, insoweit es überhaupt ein solches ist.

Das Logische am Recht ist menschliche Arbeit; durch logische Ausbeutung der Regel ist im besten Fall nur herauszuholen, was hineingesteckt ist. Eine teleologische Betrachtung dagegen, die nicht ausschließlich mit der logischen Subsumtion arbeitet, sondern die, wo nicht eine positive Regel durch die sprachlichen und logischen Gesetze das Ergebniß bestimmt, der Maxime aus ihrer Funktion beizukommen sucht, aus der Zweckmäßigkeit oder Unangemessenheit des Ergebnisses, eine solche Rechtsanwendung läßt dem langsamen Wirken des Bedürfnisses, der Gestalterin alles Organischen, Raum; sie gewährt, indem sie dem Bedürfniß wenigstens insoweit Raum giebt, als die positive Regel nicht entgegensteht, Antheil an der Bildung des positiven Rechts der langsamen praktischen Arbeit der

---

1) Beispiele der Kleinlichkeiten, Gezwungenheiten, und offenbaren Verdrehungen, zu denen die über die wirkliche Ergiebigkeit hinaus fortgesetzte logische Pressung positiver Sätze führt, lassen sich leicht und in großer Anzahl bringen.

2) Hölder, Zum allgemeinen Theil des Entwurfs, im Archiv für civil. Praxis, Bd. 73, S. 16: „Nur dann kann das vor 50 oder 100 Jahren fixirte Gesetzeswort noch für die Gegenwart ein lebendiges sein, wenn es gedeutet und angewendet wird nach Maaßgabe der Anschauungen und Bedürfnisse des heutigen Lebens"; die Rücksichtnahme auf das Bedürfniß ist aber eben die Zweckmäßigkeits-, die teleologisch-praktische Erwägung und fällt gänzlich und durchaus aus dem Rahmen logischer Ausbeutung der überlieferten Regel heraus.

Generationen und der Gattung, welche an Weisheit und Einsicht auch dem höchststehenden Gesetzgeber, der zur logischen Formulirung von Recht berufen wird, so weit überlegen ist, wie die Gattung an Dauer und Vollbringen dem Individuum überlegen ist.[1])

Daß das „teleologisch" wie es hier und mehrfach gebraucht wird, eine durchaus rationale Konzeption ist und keine Spur von Transscendentalem enthält, mag lediglich im Gegensatz zu anderweitigem Gebrauch des Worts betont werden; es wird hier gebraucht in Bezug auf menschliche Handlung, Uebung, Sozialthat; dafür, für menschliche Willenshandlung, ist uns aber die Vorstellung, daß sie von Zwecken bestimmt wird, auf ein τελος hinstrebt, eine durchaus nothwendige und durchaus begreifliche.[2])

Das Recht ist That, ist Handlung; wäre der Vergleich des Rechts mit dem Organischkörperlichen nicht eben nur ein Vergleich, so wäre in der Bezeichnung des Rechtsganzen als eines organischen das teleologische Moment sofort gegeben; denn Ordnung nach einem zielstrebigen Prinzip, Zweckbestimmtheit ist eben das, was wir uns bei dem Worte: organisch vorstellen. Thatsächlich bedeutet aber doch jene Ausdrucksweise lediglich einen Tropus, oder wenn das nicht, eine nicht mehr rationale Vorstellung.[3])

Nur bei teleologischer Ergänzung und Weiterbildung, und nicht bei der Annahme logischer Geschlossenheit, ist auch Raum in der Rechtsbildung für die oben schon erwähnte von Wilh. Wundt behauptete konstante Form der Entwickelung ethischer Erscheinungen,

1) Regelsberger, Pandekten Bd. 1 S. 159; „. . . . setzt der Rechtsgedanke ein . . . . Sein Schöpfer ist sich der Fülle des darin niedergelegten Rechtsstoffes nicht bewußt. Es bedarf der Reife in der Zeit, der Arbeit von Geschlechtern, neuer Lebenserscheinungen, um die ganze Tragweite zum Bewußtsein zu bringen."

2) Wogegen, wie mir scheint, schon eine Ausdrucksweise, die von einem τελος, von einem Zweckbestreben des Gesetzes redet (Kohler a. a. O.) zum Mindesten eine metaphorische ist.

3) Kohler a. a. O.: „daß das Gesetz ein Organismus, d. h. ein von einem geistigen Bildungstriebe durchzogenes Körperliches ist." „Der Jurist ist hier überall in der Lage des Naturforschers, der aus der äußeren Erscheinung auf die wirkenden Kräfte, auf die zeugenden Faktoren der Natur zu schließen hat."

nämlich daß das Sittliche eher als Thatsache, als als Anschauung da sei; was Wundt in etwas allgemeinerer Aussprache das Gesetz der Heterogonie der Zwecke nennt; daß die erreichten sittlichen Zwecke immer mehr oder weniger weit über die ursprünglichen Motive hinausreichen. Wenn wirklich das geltende Recht zu jeder Zeit ein logisch geschlossenes Ganze bildet, das den ganzen Bedarf an Rechtsurtheilen durch die logische Expansionskraft seiner Sätze deckt, dann müssen naturgemäß diese allemal das Primäre sein, d. h. es können die „sittlichen Thatsachen" allemal nur eine Anwendung und Folge der überlieferten „sittlichen Anschauungen" sein.

Die Vorstellung von der logischen Geschlossenheit ist aber weiter auch unvereinbar mit einer Auffassung, die wir für das allgemeinste und wesentlichste Kennzeichen eines geschichtlichen wissenschaftlichen Denkens halten, mit einer Vorstellung, die man für die Hauptеrrungenschaft der deutschen Wissenschaft im 19. Jahrhundert erklärt hat (Taine), mit dem Entwickelungsbegriff. Ist wirklich in jedem Augenblick der Bedarf an Urtheilen durch logische Interpretation zu ermitteln, dann giebt es eine Entwickelung im in Rechtsdingen nicht. Ist das positive Recht ein lückenloses logisches Ganze, dann ist es starr und unbeweglich. Es läßt natürlich Raum für Aenderungen durch akuten Eingriff des Gesetzgebers oder gewaltsamer Natur; aber ein allmähliches Werden, ein sich Verändern und Wachsen im Sinne des Entwickelungsbegriffs ist ausgeschlossen. Diese Vorstellung ist aber nicht nur ein schöner Tropus, sondern allerdings eine Realität.

Das Recht wird zwar nicht wie die Pflanze, d. i. nur ein Bild, und ein viel mißbrauchtes; ein Mißbrauch, den übrigens auch die historische Schule, die ihn wohl eingeführt hat, später ausdrücklich ablehnte. Aber sehr viel wahrer innerlich und näherkommender ist schon der Vergleich mit dem Werden der Sprache; insofern als das Recht zwar auch menschliches Werk, aber nicht eines Einzelnen, und sei es der Gewaltigste, ist, sondern Werk einer Sozialpsyche, aus einer Menge von Einzelthatsachen sich zusammensetzende Uebung, wiederholte Handlung; und eben in diesem Zusammengesetztsein aus einer Menge von Einzelantrieben, welche summirt erst eine Erscheinung ausmachen, scheint es unserem Begriff von allmählich organischer Veränderung durchaus zu entsprechen. Bildet aber die geschichtliche Betrachtungsweise, diejenige Auffassung der Geschehnisse, die mit dem Begriff der Entwickelung arbeitet, das eigentliche Kennzeichen der Rechtswissenschaft unseres Jahrhunderts und den eigentlichen Gegensatz gegen die naturrechtliche Periode, gegenüber dem Rationalismus — dessen Wesen, zum mindesten in seinen Aeußerungen auf politisch-juristischem Gebiete, eben besteht in der Verkennung der Thatsache, daß auch die eigene Zeit und ihre rechtlichen Begriffe in der Entwicklung stehen, daß diese Begriffe nicht den endgiltigen Abschluß, sondern selber nur ein Glied, Produkt und Faktor zugleich, in einer Veränderungsreihe darstellen — so stoßen wir auch hier, wie oben schon, auf die merkwürdige Thatsache, daß jene Bergbohmschen Aufstellungen, die darauf gerichtet sind, das Naturrecht in seine letzten Schlupfwinkel zu verfolgen und mit Stumpf und Stiel auszurotten, selber zu typisch-naturrechtlichen, rationalistischen Auffassungsweisen kommen; zur Negation des Entwickelungsbegriffs; zu der für alle Kodifikationen der Aufklärungszeit so charakteristischen Ueberschätzung der Macht der Formel und der Möglichkeit, den Richter zur Maschine und die Rechtsanwendung zum dialektischen Prozeß zu machen.

Wenn so die Vorstellung von der logischen Geschlossenheit des Rechts und dem jederzeitigen Gedecktsein aller möglichen Komplikationen durch die logische Expansionskraft der positiven Sätze in den vorliegenden Ausführungen als eine irrthümliche bekämpft wurde, so wird damit — und diese ausdrückliche Verwahrung scheint zum Schlusse nicht unangebracht — der logischen Expansionskraft der Regel ihr eigenes Gebiet, diejenigen Fälle, die sie wirklich zu decken im Stande ist, keineswegs geschmälert; noch wird die teleologische Rechtsfindung der logischen auch nur gleichgeordnet. Jene bleibt immer das Subsidiäre, das Auskunftsmittel, und die Ausdehnung des Herrschaftsgebiets dieser, der logischen, das zu erstrebende Ziel. Die Bildung fester Regeln, nach denen durch einfache logische Subsumtionen die konkreten Thatsachen sich gliedern und entscheiden, ist der eigentliche juristisch-technische Fortschritt, die wesentliche und hauptsächlichste Verbesserung, die das Rechtsleben auf höheren Kulturstufen vorzeigen kann; denn daß unsere Rechtsordnung gerechter sei, als diejenige früherer und auch der primitivsten Gesellschaftsstufen, wer möchte so unhistorisch denken, um das zu behaupten. Aber diese höhere Entwickelungsstufe der juristischen Technik wird eben nur allmählich erreicht und nicht gleichzeitig und auf einmal für alle Materien und alle einer Regelung bedürfenden Verhältnisse. Und wo sie im Einzelnen versagt, da muß, weil eben das Fehlen einer Regelung niemals zugegeben werden darf, eine andere Methode zur Schlichtung des Konflikts, die primitivere und ursprünglich einzige, eintreten. [1])

Jeder Konfliktsfall, die Thatsache, daß gegenüber der Uebermacht, die dem zu Gebot steht, der Recht hat, nicht ein Theil sich unterwirft, zeigt an sich schon ein gewisses Versagen der Regel, der logischen Subsumtion; zeigt mindestens das, daß der logische Apparat nicht mit der logischen wie mathematischen Folgerungen zukommenden Sicherheit und Zweifellosigkeit arbeitet. Aber die Entscheidung von Rechtsfragen, von Konflikten ist auch keineswegs die einzige und nicht einmal die wesentliche Aufgabe jenes logischen Apparats, der positiven Regeln. „Die Regel des Rechts", sagt Lothar Bucher, „beherrscht nicht nur im Fall des Konflikts, wo ihre Herrschaft am deutlichsten in die Augen fällt, sondern viel mächtiger noch in gewohnheitsmäßiger Unterwerfung die Beziehungen der Menschen." Daß die Vertheilung der Werthe unter die ver-

1) Im Völkerrecht, wo es ein autoritativ gesetztes Recht und die damit erreichte „höhere Stufe der Positivirung des Rechts d. h. der Ausbildung seiner technischen Seite" (Merkel) noch nicht giebt, nimmt bekanntlich die teleologische Erwägung einen sehr breiten Raum ein, gelegentlich, so öfters bei Bluntschli, einen so breiten, daß allerdings dabei die Grenzen dessen, was geltendes Recht ist, und dessen, was nach Meinung eines jeweiligen Referenten Recht sein sollte, durchaus verwirrt erscheinen. — Jede ethische und daher auch die rechtliche Norm ist aber eben eine Norm des Sein sollens. — Vgl. Schopenhauer, Welt als Wille und Vorstellung Bd. 2 Kap. 47. „. . . . . das Völkerrecht . . . . . ist im Grunde nichts Anderes, als das Naturrecht, auf dem ihm allein gebliebenen Gebiet seiner praktischen Wirksamkeit, nämlich zwischen Volk und Volk, als wo es allein walten muß, weil sein stärkerer Sohn, das positive Recht, da es eines Richters und Vollstreckers bedarf, nicht sich geltend machen kann."

schiedenen Herrschaftskreise im Ganzen feststeht, daß in der unendlich überwiegenden Mehrheit der Fälle der Kaufende zahlt und der Leihende zurückgiebt, weil die Anwendbarkeit eines Rechtssatzes auf seinen Fall, kraft dessen er bei Nichtzahlung dazu gezwungen werden könnte, ihm zweifellos ist, das ist der wesentliche Effekt jener jahrtausende langen Kulturarbeit der logischen Formung des Rechtsstoffs; und damit bleibt dem logischen Element in der Rechtsanwendung ein gewaltiges Gebiet und die wesentlichste Funktion im Rechtsleben. Die Entscheidung des Konflikts dagegen ist allerdings vielfach nur auf teleologischem Weg möglich; wäre die Entscheidung des eklatant gewordenen Konflikts, der Prozesse die einzige Funktion der Rechtsregel, wie es dem oberflächlichen Betrachter wohl erscheint, dann wäre allerdings der volksthümliche Spott über die Mannigfaltigkeit der Urtheile in verschiedenen Instanzen und über den mangelhaften Erfolg der Juristen mit ihrer jahrtausende langen dialektischen Arbeit gerechtfertigt.

Ein scharfes Auseinanderhalten aber der logischen und der teleologischen Erwägung ist nur geeignet, auch jene zu fördern und sicherzustellen; indem dabei genau zu umschreiben versucht wird, was an Argumentationen, die nicht lediglich eine logische Ausbeutung der überlieferten Regel darstellen, innerhalb des Rahmens der Anwendung geltenden Rechts noch möglich ist, wird gerade die Diagnostizirung und Ausscheidung der wirklich fremden, allgemein ethischen, phantasiemäßigen und subjektiven Elemente der Diskussion erleichtert.

Lippert & Co. (G. Pätz'sche Buchdruckerei), Naumburg a. S.